토기장이

"우리는 진흙이요 주는 토기장이시니
우리는 다 주의 손으로 지으신 것이라"(이사야 64:8)

예수만 남겨질 때까지

UNSHAKABLE

Copyright ⓒ 2013 by Carter Conlon
All rights reserved.
Published by Regal Books A division of Gospel Light
Ventura, California, U.S.A.

Korean translation copyright ⓒ 2014 by Togijangi Publishing House
Togijangi B/D 3F, 418-43 Mangwon-Dong, Mapo-Gu, Seoul, Korea

This Korean edition is published by arrangement with Gospel Light
(P.O Box 3875, Ventura, California, U.S.A.)

본 저작물의 한국어판 저작권은 Gospel Light와의 독점 계약으로 한국어 판권을 '도서출판 토기장이'가 소유합니다. 저작권법에 의하여 한국 내에서 보호를 받는 저작물이므로 무단 전재와 무단 복제를 금합니다.

특별한 표기가 없는 모든 성경 구절은 개역개정성경을 인용한 것입니다.

예수만 남겨질 때까지

카터 콜론 지음 · 이대은 옮김

도서출판 **토기장이**

감사의 글

구원의 복음을 전하기 위하여
하나님께 자신을 내어드리고 헌신해 온
타임스퀘어교회 성도들에게, 그리고
사랑하는 나의 자녀들
제이슨, 제리드, 케이더에게 감사를 전한다.

추천의 글

당신 안에 있는
예수의 이름이 해법이다!

카터 콜론의 「예수만 남겨질 때까지」를 읽고 거룩한 충격을 받았다. 그는 부요의 시대 이후에 찾아올 광야의 시대를 예고하면서, 역사의 마지막 구간을 살고 있는 성도들이 가져야 할 예리한 영적 감각을 제안하고 있다. 그래서 「예수만 남겨질 때까지」는 예언자적인 통찰력과 영적 각성의 메시지로 충만하다. 어떤 하나의 장르로 단정 짓기 어려우면서도 본질적이고도 강력한 복음 메시지를 담고 있는 이 책을 꼭 일독하기를 바란다.

「예수만 남겨질 때까지」를 읽어내려 갈수록 더 놀라운 것은, 종말론을 이야기하는 듯했는데 그것이 아니라 진정한 기독교 신앙을 이야기하고 있다는 점이다. 이 책은 왜 예수님께서 신부된 교회와 성도들을 광야로 인도하시는지를 말해 준다. 그리고 광야의 고난은 신부를 위로하고 정련하기 위함이며 하나님의 군대로 훈련하기 위함임을 역설한다.

도대체 하나님은 고난을 왜 주시는가? 우리는 고난을 어떻게 이길 수 있는가? 놀랍게도 이 책은 이런 대중적인 질문에 대한 답변을 시도하지 않는다. 오히려 고난 속에서 우리를 새롭게 하시는 하나님을 기대하고 신뢰할 수 있도록 전혀 새로운 관점을 제시한다. 읽는 내내 속이 후련하고 내 영혼이 자유해지는 것을 경험했다.

「예수만 남겨질 때까지」는 이 시대의 성도들에게 꼭 필요한 책이다. 왜냐하면 종말과 고난에 대한 수많은 서적들이 성도들에게 고난을 헤쳐 나가는 해법만 제시하고 있기 때문이다.

그러나 이 책「예수만 남겨질 때까지」는 해법이나 대안을 밖에서 찾지 않는다. 오히려 당신 자신이 대안이라는 것과 당신 안에 있는 주님의 이름이 해법이라는 것을 역설하고 있다! 이 얼마나 합당한 메시지인가!

최첨단을 누리는 21세기에 우리는 화려한 예배, 정교한 설교, 안정적인 교회 공동체의 유익을 누리고 있다. 그리고 신앙적으로는 좀 더 설득력 있고 좀 더 합리적인 해법과 대안들을 찾고 있지만, 사실은 그렇지 않다. 이미 해법은 나와 있다.

유일한 해법은 예수 그리스도이시다. 그리고 여전히 하나님은 기다리고 계신다. 당신 자신이 하나님의 대안임을 깨닫게 되기를! 이 시대는 더 좋은 예배나 설교나 교회를 찾을 때가 아니라 복음의 본질로 돌아가야 할 때이다. 복음이라는 원석을 정교하게 다듬으려다가 본질을 상실할 위기에 처했기 때문이다.

재정과 직장과 환경과 관계가 조금만 흔들려도 두려움이 엄습하는 성도들이 있는가? 오랫동안 신앙생활을 지속하고 있지만 본질의 힘을 잃어가고 있는 성도들이 있는가? 이제 막 신앙생활을 시작했지만 바라볼 지표를 찾고 있는 성도들이 있는가? 이 책 「예수만 남겨질 때까지」를 읽으라. 요동치지 않는 신앙의 기준점을 세우게 될 것이다.

이상준 목사 | 온누리교회 양재캠퍼스 담당,
「그래도 너는 아름다운 청년이다」, 「가인 이야기」 저자

죽어 있는 것을 향하여
"살아나라"고 외치는 책!

카터 콜론 목사를 알고 지낸지 어느덧 25년이 흘렀는데도, 나는 그를 처음 만났던 순간을 생생하게 기억한다. 당시 나는 몬트리올에서 목회를 하며 프랑스어권 전도를 위한 기독인연합 회장으로 섬기고 있었다.

어느 날 국가를 위한 특별기도집회가 열려, 전국의 기독교 지도자들이 한자리에 모이게 되었다. 캐나다의 유명한 목사

들과 지도자들, 선교사들, 기독교 단체의 대표들, 신학교 교수들이 차례로 단상에 올라 메시지를 전하고 기도했다. 이 행사는 정말 잘 짜여져 있었다. 밴드는 웅장한 음악을 연주했고, 강사들은 화려한 멀티미디어 기기들을 사용해 발표했다.

그러나 군중은 시끄럽고 제멋대로였다. 수천 명의 인파가 들락날락했고, 어느 순간에는 소음 때문에 강사들의 소리가 들리지 않았다. 그런 와중에 나는 멀찍이 서서 한 언론기관과 인터뷰를 하고 있었다. 그때 한 남자가 마이크를 잡고 기도하기 시작했다. 그는 따로 시작하는 말도 없었다. 주목을 받으려고 재치 있는 말을 하지도 않았다. 자신의 사역을 홍보하지도 않았다. 자신의 경력이나 공치사를 늘어놓지도 않았다. 그는 그저 기도했다.

나는 30년 동안 사역을 해 오면서 35개국에서 수천 번도 넘는 다양한 집회를 인도해왔다. 거의 매일 누군가의 메시지와 기도를 들었다고 해도 과언이 아닐 것이다. 그런데 그는 달랐다. 그가 국가를 위해 기도하기 시작하자 시끄럽던 군중

사이로 정적이 흘렀다. 침묵, 경건, 거룩이 그곳에 흘렀다. 기자들도 질문을 멈추었고, 사람들은 서로 손을 잡고 중보기도를 드리기 시작했다. 흐느끼는 소리가 여기저기서 들려왔고 수천 명의 사람들이 하나님 앞에 머리를 숙였다.

하나님을 향하여 울부짖는 그의 기도는 격정적이면서도 겸손했고 기름부음이 있었다. 그리고 사랑과 긍휼, 소망으로 가득 차 있었다. 그의 기도는 그리스도를 향한 열정적인 외침이었다. 나는 기도가 끝나자마자 행사 관계자에게 "저 사람은 누구입니까?"라고 물었다. 그는 "카터 콜론 목사님입니다"라고 대답했다.

몇 년 후, 나는 카터 콜론 목사의 어떤 점이 내 마음을 움직였는지 분명히 깨닫게 되었다. 바로 그의 믿음이었다. 그리고 그의 믿음은 지금도 흔들리지 않고 있다. 나는 하나님이 오늘날과 같은 때를 위하여 그에게 교회를 허락하시고 그를 높이셨다고 믿는다.

나는 영어와 불어가 다 가능해서 유명한 사역자들을 통역으로 섬길 기회가 많았다. 동시에 그들이 강단에서 내려왔을 때의 모습, 즉 무대 뒤에서의 모습도 숨김없이 볼 수 있었다. 그러나 카터 콜론 목사는 언제나 진실했다. 시험을 겪을 때든지 병마와 싸울 때든지 엄청난 중압감을 느낄 때든지 슬픔의 계곡을 지날 때든지 변함없는 믿음의 모습을 보여 주었다.

나는 그가 대량학살을 겪은 아프리카 국가들이나 죄악으로 가득찬 도시에서 수만 명의 사람들에게 메시지를 전하는 모습을 보았다. 그때마다 그는 격렬한 영적 싸움을 했고 불가능한 상황과 직면해야 했다.

이 책은 흥미로운 주제에 관한 설교 모음집이 아니다. 이 책은 믿음대로 살고 믿음을 전하는 한 사람이, 불같은 시련을 겪는 가운데 얻은 생명이자 증언이며 기적의 이야기이고 믿음의 원칙이다. 그는 이 책에서 이미 죽어 있는 것을 향하여 살아나라고 외치고 있다. 나는 당신이 책장을 넘길 때마다 영이 충만해지고, 심장이 타오르고, 당신의 영혼을 고정시켜 줄 닻을 찾게 되리라 확신한다.

이 책은 평생 하나님을 섬기며 신뢰한 그의 경험에서 나왔다. 그렇기 때문에 당신의 영혼을 깨워 하나님의 약속에 대한 당신의 확신을 되살리고, 하나님의 부르심을 따라 당신을 준비시킬 것이다. 이 책에서 당신이 발견할 진리는 교회에 전하는 하나님의 메시지이기도 하다.

흔들릴 수 있는 모든 것이 흔들리고 신뢰했던 모든 것이 넘어질 때, 하나님은 그분만을 신뢰하는 방법을 배운 자들을 높이 드실 것이다. 이 책은 바로 그 방법을 우리에게 보여준다.

클라우드 어드(Claude Houde) | 몬트리올 뉴라이프교회 담임목사

카터 콜론 목사는 자신이 전하는 대로 살아가는 진실한 사람이다. 그는 권위와 동시에 자비와 은혜가 깃든 하나님의 말씀을 전하도록 성령님의 특별한 기름부으심을 입은 듯하다. 우리는 그가 설교할 때 하나님의 보좌에서 흘러나오는 말씀을 듣고 있음을 깨닫게 된다.

데이비드 윌커슨(David Wilkerson) | 타임스퀘어교회 설립목사

언제부턴가 나는, 우리 사회에서 일어나는 여러 현상을 시원하게 설명해 주지 못하는 전문가들에게 염증이 나기 시작했다. 그런데 이 책을 통해 오늘날 벌어지는 상황에 대해 정확하게 알 수 있었고, 영적 분별력을 가지고 우리가 앞으로 기대해야 할 일들이 무엇인지 깨닫게 되었다. 그래서 이 책은 놀랍도록 신선하다! 우리는 이 책을 읽는 것에만 그치지 말고 반드시 삶속에서 지켜나가야 할 것이다.

라마 베스트(Lamar Vest) | 미국성서공회 전임 회장

카터 콜론 목사의 메시지를 들을 때마다 나는 절실하게 깨닫고 감명을 받는다. 그는 나의 친한 친구이자 영적인 아버지 데이비드 윌커슨의 제자로 훈련을 받아왔다. 나는 그가 오직 성경 말씀에 기반을 두고 목회하는 것에 대해 매우 감사하게 생각한다.

닉키 크루즈(Nicky Cruz) | 닉키 크루즈 아웃리치 설립자

우리는 이 불확실한 시대에 우리를 지탱해 줄 희망과 용기가 필요하다. 이 책은 하나님의 말씀으로부터 나오는 놀라운 통찰력으로, 우리가 이 시대를 넉넉히 이겨 나갈 수 있도록 용기와 믿음을 준다. 하나님은 자신들의 미래를 두고 두려워하는 자들을 찾지 않으신다. 그분의 마음을 알고 사자처럼 담대한 자들을 찾으신다. 이 책은 그런 담대함으로 인도하는 이정표가 될 것이다.

게리 윌커슨(Gary Wilkerson) | 월드챌린지 회장,
콜로라도 스프링스교회 설립목사

이 책은 오늘날 반드시 읽어야 할 책이다. 또한 좁은 길을 걷기 원하는 성도들에게 꼭 권하고 싶은 책이다. 나는 카터 콜론 목사를 곁에서 오랫동안 지켜보았다. 그는 성경적인 삶을 살고, 성경적으로 목회하는 하나님의 종이다. 하나님을 향한 그의 삶과 헌신은, 이 책에서 다루는 주제가 우리 시대에 큰

의미가 있음을 증명한다. 나는 이 위대한 작품을 적극적으로 추천한다.

L. 존 부에노(L. John Bueno) | 하나님의성회 세계선교회 은퇴 이사

서서히 드러나고 있는 경제 붕괴라는 무시무시한 문제에 직면하여, 이 세대는 '소유'에 더욱 집착하고 있다. 그러나 이 어지러운 세대 가운데 카터 콜론 목사는, 십자가에 못 박히신 그리스도의 흔들리지 않는 복음과 십자가에서만 찾을 수 있는 확신을 전하고 있다.

존 후버(John Hoover) | 〈뉴욕 타임스〉 베스트셀러 작가

나는 오랫동안 타임스퀘어교회에 출석하면서 목사님의 순전하고 능력 있는 하나님의 말씀을 들어왔다. 하나님께서 '오늘날과 같은 때'에 우리에게 말씀하신다는 사실이 큰 기쁨

이 되고 위안이 된다.

에릭 메텍시스(Eric Metaxas) | 〈뉴욕 타임스〉 베스트셀러 「본회퍼: 목사, 순교자, 예언자, 스파이」(Bonhoeffer: Pastor, Martyr, Prophet, Spy) 저자

감사하게도 뉴욕에 머무는 동안 주일마다 타임스퀘어교회에서 예배를 드렸다. 성도가 얼마나 많은지 예배 시작 한 시간 전부터 교회가 꽉 찼다. 나는 카터 콜론 목사의 메시지를 듣고 나서야 그 이유를 알게 되었다. 이 교회는 모든 설명을 거부하는 곳이었다. 뉴욕 극장가 중심에 위치해 있어서 모든 신앙, 모든 민족, 모든 인종, 모든 배경의 사람들을 끌어 모으는 곳이었다. 나는 그곳에 갈 때마다 은혜를 받았다. 내가 그랬듯이 당신도 이 책을 통해 은혜와 격려를 받기 바란다.

마이크 허커비(Mike Huckabee) | 아칸소 주 주지사, 토크쇼 'Huckabee' 진행자

서문

이 세상의 마지막 은행은
바로 당신이다

아마도 당신은 미래를 향한 부푼 기대를 안고 인생의 여정을 출발했을 것이다. 그런데 지금은 종종 시편 기자처럼 "내 하나님이여 내 하나님이여 어찌 나를 버리셨나이까 어찌 나를 멀리 하여 돕지 아니하시오며 내 신음 소리를 듣지 아니하시나이까"(시 22:1)라고 부르짖고 있진 않은가? 또는 지금까지 겪어 온 일들, 그리고 앞으로 헤쳐 나갈 일들을 머릿속에 그리며 여기에 과연 선한 목적이 있을까 고민하고 있진 않은가? 내가 만약 "하나님의 목적이 분명히 있다"라고 말해 준다면 어떻겠는가? 사실 당신은 지금 이 순간에도 하나님의 뜻 한가운데 있다.

지금 우리는 위험한 시대에 들어서고 있다. 이제는 당신의 삶과 증언이 하나님 나라를 위한 매우 귀중한 '화폐'가 될 것이다. 예수님은 다른 사람들을 위하여 당신 안에 자신의 생명을 예금해 놓으셨다. 그리고 당신이 흔들리지 않도록 훈련시키실 것이다. 많은 사람들이 당신을 찾아와 "소망 없는 이 때에 당신은 어떻게 소망을 가지고 살아가느냐"고 물을 것이다. 그들은 당신 안에서 그 이유를 '인출'해내려고 할 것이다. 당신은 이 세상의 '마지막 은행'이 될 것이다.

이 책을 주의 깊게 읽으면서 왜, 그리고 어떻게 내 말이 진실인지 부디 이해해나가기를 바란다. 그 진리는 당신을 자유롭게 할 것이다. 많은 사람들의 소망이 거기에 달려 있다!

카터 콜론

차례

감사의 글
추천의 글
서문

Part 1 이 시대를 분별하라

1장 이제, 시간이 얼마 남지 않았다 _ 22
2장 고난의 시간들, 막후에서 _ 34

Part 2 하나님의 자산을 누리라

3장 하나님의 신병훈련소를 통과한 후 _ 58
4장 당신이 연단의 불속에 홀로 남겨진 후 _ 72
5장 고난 속에서 '믿음의 은행'을 세우라 _ 92

Part 3 하나님의 무한한 창고가 열리다

6장 사람에게 투자하는 법을 배우라 _ 110
7장 하나님의 창고의 열쇠를 취하라 _ 132
8장 당신은 '마지막 은행'이 될 것이다 _ 154

Part 1

이 시대를
분별하라

01

이제,
시간이 얼마 남지 않았다

"우리가 스스로 우리의 행위들을 조사하고 여호와께로 돌아가자" 애 3:40.

신문 1면의 기사 제목을 대충 훑어본 후 "이제는 정말 끝까지 왔구나…"라고 혼잣말한 적은 없는가? 사실 이런 일은 더 이상 충격적인 일도 아니다. 많은 국가들이 정치, 경제, 사회에서 일어나는 혼란을 수습하기 위해 아등바등하고 있고, 이 모든 혼란이 전 세계로 확산될지 모른다는 불안감에 휩싸여 있다. 특히 전 세계적 차원의 경제 붕괴의 위기가 잔뜩 도사리고 있다. 이러한 '위기의 순간'이 당신에게 요구하는 것은 단 하나이다. "현재의 문제들을 대처해나갈 수 있을 만큼 용감해져라"는 것이다. 하지만 더욱 중요한 것은, 당신 '마음에 있는 문제들'이다.

이제 '평가의 시간'이 되었다. 이 말은 당신의 자산이나 재산을 평가하겠다는 의미가 아니다. 당신은 지금 이 시대가 어디로 향해 가고 있는지 심각하게 살펴보아야 한다. 당신은 다가오는 환난에 대비하고 있는가? 그 위협적인 날과 맞설 만한 자질을 갖추고 있는가?

나는 앞으로 임할 큰 환난을 의식하지 못하고 살아가는 성도들을 대할 때마다 두렵다. 그들은 환난을 견디지 못할 것이다. 그들은 월급이 꼬박꼬박 입금될 때, 식탁에 먹을 것이 있을 때, 즉 자신이 살 만할 때만 "나는 그리스도께 헌신하고 있습니다"라고 고백하는 사람들이다. 그러나 타이타닉 호처럼 빙산에 부딪히는 순간, 마음의 동기가 거짓 없이 드러나게 될 것이다. 진정 그리스도께 뿌리를 내렸는지 안 내렸는지 드러나게 될 것이다. 그리고 하나님의 영광과 복음 전파의 목적을 따라 충실하게 살아왔는지 증명될 것이다.

그렇다면 다가올 환난 날에 흔들리지 않으려면 어떻게 해야 하겠는가? 나는 단 한 가지의 결론에 도달했다. "그리스도와 온전히 동행하리라"고 마음 깊이 즉각적으로, 그리고 신중하게 결심해야 한다는 것이다. 이제 시간이 얼마 남지 않았다. 당신과 나는 지금 중대한 선택 앞에 서 있다.

"그리스도와 동행할 것인가? 동행하지 않을 것인가?"

성경은 그리스도와 온전히 동행하는 것이 결코 쉽지 않다고, 그 길은 사람들이 찾지 않는 좁은 길이라고 말한다. 그러니 당신은 미지근한 마음으로 그 길을 끝까지 갈 수 없다. "미련한 자들이 슬기 있는 자들에게 이르되 우리 등불이 꺼져가니 너희 기름을 좀 나눠 달라"(마 25:8)고 했던 것처럼, 어쩌면 당신은 슬기 있는 자라고 착각하고 있다가 위기의 순간, 공황 상태에 빠져 허둥대는 미련한 자일지도 모른다. 그러니 지금 '당장' 당신의 마음을 살피고 시험해 보라. 나도 당신을 위해 간절히 기도드리겠다. 당신이 마침내 예수 그리스도를 선택하도록, 좁은 길을 걸어가도록….

물론 이것은 그저 감정에 치우쳐 "하나님, 죽기까지 당신을 따르겠습니다!"라고 외치면 해결되는 가벼운 문제가 아니다. 열정적으로 신앙을 뽐내던 제자들도 위기의 순간에 모두 그리스도를 버렸다. 그렇기 때문에 적어도 살아가는 시대를 분별하고, 그리스도와 동행하는 것이 어떠한 의미인지 알고 난 후에 선택을 해야 한다.

하나님은 시험과 고난 없는 삶을 결코 약속하지 않으셨다. 오히려 시험과 고난을 통해 우리가 정결해지고 하나님의 형상으로 빚어지기를 원하신다. 또한 당신이 이 땅에 애정을 품고 자신만을 위해 살아가는 것이 아니라, 다른 사람들에게 손을 내밀며 살아가기를 원하신다.

앞으로 더 자세히 다루겠지만, 바로 이 진리를 기꺼이 받아들일 때 당신은 틀림없이 하나님이 주시는 능력을 입게 될 것이다. 하나님은 당신을 강하게 하셔서 환난 날에 낙심하지 않게 하실 뿐 아니라, 궁핍한 때에 하나님의 공급하심을 나누는 사람으로 준비시키실 것이다.

먼저 지금 이 세대가 어떻게 이 지경까지 오게 되었는지 살펴보도록 하자. 이것은 시대를 분별하고 다가올 환난 날에 무엇을 준비할지 당신에게 가르쳐 줄 것이다.

경고를 무시하다

사도행전 27장에 나오는 바울의 여행을 살펴보도록 하자. 나는 이 말씀이 오늘날 우리 사회가 어디로 가고 있는지 놀라울 정도로 분명하게 그려내고 있다고 생각한다. 당시 바울은 죄수 신분으로 가이사에게 상소하기 위하여 이달리야로 가는 배를 타고 있었다. 그레데에 상륙했을 때, 바울은 이번 항해가 모두에게 해를 끼치게 될 것이라고 말했다. 그러나 선장과 선주 등 어느 누구도 그 위험을 감지하지 못했다. 오늘날도 마찬가지이다. 많은 이들이 전례 없는 폭풍우와 직면하게 되리라는 사실을 자각하지 못한 채 자기 길만 바쁘게 가고 있다.

> "여러 날이 걸려 금식하는 절기가 이미 지났으므로 항해하기가 위태한지라 바울이 그들을 권하여 말하되 여러분이여 내가 보니 이번 항해가 하물과 배만 아니라 우리 생명에도 타격과 많은 손해를 끼치리라 하되 백부장이 선장과 선주의 말을 바울의 말보다 더 믿더라"(행 27:9-11).

바울은 그들에게 진심으로 경고했지만 그들은 그의 말을 무시했다.

> "거기서 떠나 아무쪼록 뵈닉스에 가서 겨울을 지내자 하는 자가 더 많으니 … 남풍이 순하게 불매 그들이 뜻을 이룬 줄 알고 닻을 감아 그레데 해변을 끼고 항해하더니"(행 27:12-13).

지금 우리 사회가 이와 똑같지 않은가? "가던 길에서 돌이키라"고, "갈 길을 결정할 권리가 자신에게 있다고 믿는 교만에서 벗어나라"고 하나님이 신실하게 경고하심에도 불구하고, 그것을 무시하고 있지 않은가?

사람들은 이기적인 목적을 가지고 출항해, 자기 자신을 신으로 만들어 줄 세상 것을 손에 넣으려고 애쓴다. 즉, 예수 그리스도의 주되심을 부인하면서, 동시에 이상적인 목적지에 이르게 해 주는 무언가를 얻고자 한다. 처음에는 순풍까지 불어 주니 항해에 대한 확신을 가지고 번영과 명예를 향해 길을 떠난다. 그런데 우리가 진정으로 우리 앞에 놓인 것이 무엇인지 볼 수 있는 눈이 있다면 어떨까!

예언이 성취되다

우리는 하나님으로부터 멀리 떠나지 않는 한, 그분이 경고하지 않으실 거라고 생각한다. 그러나 하나님은 성경 말씀을 통해서 뿐만 아니라, 이 시대의 하나님의 사람들을 통해서도 늘 경고하신다. 그들은 시대를 분별하는 하나님의 종들로

서 데이비드 윌커슨(David Wilkerson) 목사도 그 중 한 명이었다.

1970년대 초 하나님은 데이비드 목사에게 한 환상을 보여 주셨고, 그 내용은 1973년 「비전」(The Vision)이라는 제목으로 출간되었다. 그는 기도 중에 앞으로 일어나게 될 일, 즉 전 세계 국가들의 미래를 보았다. 하지만 처음에는 그 환상을 세상에 알려야 할지에 대해 고심하였다. 그리스도인들마저도 자신을 비난할 것을 잘 알고 있었기 때문이다. 이 책의 출간년도를 기억하며 다음 발췌 글을 읽어 보라.

> 세계 경제가 큰 혼란에 빠졌다! 나는 환상 가운데 이것을 분명히 보았다. 이후 많은 하나님의 종들이 같은 내용의 환상을 보았다고 말했다.
> 앞으로 최악의 경제 위기가 유럽을 타격할 것이다. 그 후 일본, 미국, 캐나다, 모든 나라에까지 그 여파가 미칠 것이다. 그것은 단순한 경기 침체가 아니라 생활방식에 영향을 끼칠 정도로 엄청난 것이었다. 서구권 화폐를 운용하는 나라들이 심각한 곤경에 처할 것이고, 특히 아랍 국가들이 큰 피해를 입을 것이다.
> 절망으로 가득한 시대가 다가올 것이다. 언제 이 일이 일어날지 모르겠지만 그다지 멀지 않은 것만은 확실하다. 전 세계 경제학

자들은 이 혼란을 설명할 수 없어 쩔쩔맬 것이고, 사람들은 공포를 느낄 것이다.

그러나 이 일이 일어나기 전에 인류는 역사상 가장 큰 번영의 시대를 누릴 것이다. 모든 것이 넉넉하고 풍요로울 것이다. 판매량과 소비량은 계속해서 사상 최고치를 달성할 것이고, 물가, 가격, 임금 등도 급속하게 상승할 것이다 … 그러나 머지않아 일류 기업들이 파산하는 것을 목격하게 될 것이다. 금융권이 극심한 어려움을 겪고, 많은 사람들이 빚을 갚지 못해 괴로워할 것이다. 수많은 중소기업들도 파산할 것이다 … 정부는 이때 '과잉 반응'할 것이고, 경제를 살리려는 정부의 성급한 시도는 오히려 역효과를 낳을 것이다.

마치 오늘 자 〈뉴욕 타임스〉를 읽고 있는 기분이 들지 않은가? 이후 데이비드 윌커슨 목사는 이 메시지를 전한 대가를 톡톡히 치러야 했다. 그는 거의 40년 동안 서구사회에서 고립되어 손가락질을 받았다. 모든 것이 그가 선포한 내용과 반대로 이루어졌기 때문이다. 그의 경고에 반응한 몇몇 사람들도 얼마 지나지 않아 이를 대수롭지 않게 여기게 되었다. 하지만 이 역시 영적 분별력을 잃을 것이라는 그의 경고 그대로였다.

영적으로 타락할 때는 언제나 경고의 소리를 듣지 않았다. 우리는 성경에서도 이러한 사례들을 쉽게 찾아볼 수 있다. 예를 들어, 노아를 떠올려 보라. 그는 백 년이 넘도록 하나님의 심판을 경고하며 방주를 지었지만, 결국 그의 가족만 구원을 받았다. 비록 처음에는 그의 말을 들었을지라도 "아니야, 그럴 리 없어. 심판 날은 아직 멀었어. 나는 이제야 풍족한 생활을 누리게 되었고, 아직 이루지 못한 야망도 많단 말이야. 하나님이 이 모든 것을 주셨는데 갑자기 오셔서 누리지 못하게 하실 리가 없잖아!"라고 말하며 그의 경고를 무시했을 것이다. 또한 이렇게 말하면서 마음이 점점 무뎌졌을 것이다.

"어휴~ 노아 말은 듣지도 마. 그는 너무 극단적이야. 심판날이 있다는 것 정도는 우리도 다 아는 사실이잖아. 하지만 심판이 우리 시대에 일어나겠어?"

하나님이 보낸 구약 시대의 그 많은 선지자들은 어떠했는가? 그들은 능욕을 당했고 위협을 받았으며 구덩이에 던져졌고 굶주렸으며 돌에 맞아 죽기도 했다. 여호야김 왕은 예레미야가 하나님의 말씀을 받아 기록한 두루마리를 조각조각 잘라 불에 던져 모두 태워버리기까지 했다(렘 36:22-23). 이사야 시대 사람들도 선지자의 경고를 듣지 않았다. 그들의 마음이 강퍅해진 이유는 다음과 같다.

> "그 땅에는 은금이 가득하고 보화가 무한하며 그 땅에는 마필이 가득하고 병거가 무수하며"(사 2:7).

아마도 그들은 이렇게 큰소리쳤을 것이다.
"이사야의 말을 듣지 말고 우리의 말을 들어라. 우리에겐 은금과 보화, 게다가 강한 군대도 있다. 그런데 이런 것들이 모두 사라진다고? 곧 고난이 닥쳐올 거라고? 말도 안 되는 소리! 우리는 번영의 절정에 있다. 게다가 앞으로 닥칠 일들에 대한 대비책도 있을 뿐 아니라, 정치적인 동맹관계도 있어 안전도 보장되어 있다. 이사야, 당신 혹시 눈이 멀었소? 우리가 가지고 있는 이 엄청난 것들이 보이지 않소?"

순간적인 번영으로 인해 눈이 먼 것은 바로 그들이었다. 안타깝게도 그때나 지금이나 사람들은 경고를 들으려 하지 않는다. 여전히 긍정적이며 나쁜 일은 결코 일어나지 않을 것이라고 확신한다. 하지만 시대를 분별하는 사람들은 우리의 은금과 보화에 한계가 있음을 알고 있다.

데이비드 윌커슨 목사의 경고의 메시지가 세상에 외쳐진 지 벌써 40년이 흘렀다. 40일 또는 40년의 기간은 성경에서 반복해서 나오는 영적으로 중요한 기간이다. 하나님은 먼저 경고를 하신 후 우리에게 돌이킬 수 있는 기간을 허락하신다. 그 기간은 내가 어떻게 살아가고 있는지, 무엇에 투자하고 있는지, 어디에 소망을 두고 있는지, 심판 날을 어떻게 준비하고 있는지를 살펴보는 기간이 되어야 한다.

오늘 당신은 중대한 선택의 지점에 서 있다. 이제 당신은 하나님의 경고에 귀를 기울일 것인가? 이제 그 기간을 진지하게 보낼 것인가? 나는 그저 선지자 예레미야의 간청을 되풀이할 뿐이다.

"우리가 스스로 우리의 행위들을 조사하고 여호와께로 돌아가자"(애 3:40).

02

고난의 시간들, 막후에서

"주 여호와께서는 자기의 비밀을 그 종 선지자들에게 보이지 아니하시고 는 결코 행하심이 없으시리라"암 3:7.

이스라엘 자손들은 '하나님이 하신 일'을 알았지만 모세는 '하나님의 뜻'을 알았다고 성경은 전한다(시 103:7). 당신이 하나님의 뜻을 알아야 할 때가 있다면 바로 '지금'이다. 원수는 하나님의 선하심을 가리기 위해 전 세계를 흔들어 놓을 것이다. 하지만 하나님은 모든 것을 통치하고 계신다. 우리가 그것을 조금이라도 안다면, 다가올 환난 날에 용기를 잃지 않을 것이다. 그래서 오늘은 엄청난 은혜의 시대이며 하나님의 뜻을 아는 것은 아주 중요하다.

우리 사회가 가고 있는 목적지는 어디인가? 우리는 그것을 분명하게 알아야 한다. 당신과 나는 '광야'로 가고 있다. 그런데 나는 사람들이 제일 듣기 싫어하는 말이 이 말임을 깨달았다. 그럼에도 불구하고 나는 성령님이 내 마음에 깊이 새겨 주신 것들을 무시할 수 없다.

광야는 어떤 곳인가? 그곳은 메마르고 양식이 없고 고난을 당하는 곳이다. 편안하지도 않고 위안거리도 없다. 그러나 그곳은 우리가 하나님을 전적으로 의지하도록 만든다. 앞으로 모든 교회가 광야에서 만나게 될 것이다. 속히 그렇게 될 것이다. 나는 광야생활이 얼마나 힘겨울지 정확히 알지 못한다. 그저 모두가 극심한 고난을 겪으리라 직감할 뿐이다. 그리고 그 직감은 주위에서 벌어지는 일들을 통해 증명되고 있다.

수년간 타임스퀘어교회 강단에서는 다가올 환난 날에 대한 경고의 메시지가 외쳐져 왔다. 그런데 어느 날 문득, 사람들이 이 메시지에 점차 무뎌지고 있음을 깨달았다. 비행기 이륙 전에 승무원이 비상시 행동요령을 열심히 알려 주지만 별 관심을 기울이지 않는 것처럼 말이다. 그러나 비행기도 추락할 때가 있다.

뿐만 아니라 사람들은 '고난', '환난'이라는 말 자체에 반감을 가지고 있어서 '광야'라는 단어만 나오면 마음을 닫았다. 그들은 자신들을 기분 좋게 해 주는 메시지, 모든 게 잘될 것이라는 메시지만 찾아 빠르게 떠났다. 이렇게 하나님의 뜻을 전혀 모른 채, 자기 방식대로 하나님을 추구하면서 스스로를 구렁텅이에 빠트리고 있었다. 실제로 광야는 '좋은 소식'

이다. 그리고 그 가운데에는 '하나님의 자비하심'이 있다.

이제 마음 문을 열고 성령님의 음성에 귀를 기울이라. 그러면 환난 가운데서도 놀라운 평화와 능력을 누리게 될 것이다. 많은 사람들이 겁에 질려 방황할 때도 당신은 흔들리지 않게 될 것이다. 오히려 그날을 위해 당신을 준비시키신 하나님의 뜻을 발견하게 될 것이다.

지금까지 우리 교회는 다가올 일들에 대비해 하나님이 우리를 신실하게 인도하시고 준비하셨음을 많은 일들을 통해 목격해왔다. 예를 들어, 2012년 9월 우리는 뉴욕 시에 식품지원프로그램을 개설해 주고 후원하는 '피드 뉴욕'(Feed New York)이라는 단체를 발족하여, 100여 개 교회와 협력 관계를 맺고 1년간 식품을 지원하기로 했다. 우리는 신청서를 받으면서 이 비전을 다양한 교파의 교회들과 나눌 수 있어 설레였다. 이 일을 통해 하나님은 교회가 다시 한 번 연합할 수 있게 하셨기 때문이다.

2012년 10월 23일, 처음으로 협력 교회들에 식품을 배송했다. 그러고 나서 6일 후, 허리케인 샌디(Hurricane Sandy)가 동부 해안을 강타하여 뉴욕과 뉴저지 지역에 심각한 피해를 입했다. 엄청난 비상사태였지만 하나님의 메시지를 줄곧 들어온 우리는 당황하지 않고, 본능적으로 하나님이 이 날을 위해 우리를 준비하셨음을 깨달았다. 이후 수백 명의 봉사자들이 우리 교회를 찾아와 식료품을 포장하고, 기부물품들을 정리해 그곳으로 가지고 가서 도왔다.

우리는 부분적으로나마 성령님이 왜 이 사역을 시작하라고 마음에 감동을 주셨는지 깨닫기 시작했다. 우리는 이 사역을 통해 자치구를 넘나드는 교회 간에 관계를 형성시켜 음식과 물, 각종 물품들을 그 교회들에 빠르게 배송할 수 있었다. 교회들은 그것을 받아 자신의 지역사회에 잘 분배하였다. 나는 이러한 표적들이 하나님의 교회가 함께 걷게 되는 시작에 불과하다고 믿는다.

이처럼 하나님은 항상 신실하셔서 자신의 백성들이 어떤 일을 당하더라도 힘을 주시고 전략적으로 준비시키신다. 하지만 이는 우리가 하나님의 말씀에 주의 깊게 귀를 기울여야 한다는 것을 의미하기도 한다. 마음에 드는 메시지만 찾아다니는 사람들은 결코 하나님의 일에 동참하지 못할 것이다. 하나님은 그분의 말씀을 경외하고, 시대를 분별하는 성도들에게 능력을 주실 것이다. 그러니 어서 당신의 마음 문을 열라. 우리가 살고 있는 이 시대를 분별하라. 바로 지금 하나님이 돌아오라고 부르고 계신다.

인간이 세운 계획의 종말을 보다

어리석은 결정으로 인해 바울 및 승선한 사람들이 모두 재앙을 향해 항해를 계속해나갔다. 마찬가지로 우리 사회는 하나님의 경고에도 불구하고 그분에게서 멀리 떨어져 나와 멸망으로 향하는 항해를 계속하고 있다. 그러다가 어느 순간 자포자기의 상태에 빠지고 말았다. 아마도 이때 느끼는 절망감은, 바울과 배에 함께 탔던 사람들이 항해를 시작한지 얼마 지나지 않아 느낀 절망감과 비슷할 것이다.

> "얼마 안 되어 섬 가운데로부터 유라굴로라는 광풍이 크게 일어나니 배가 밀려 바람을 맞추어 갈 수 없어 가는 대로 두고 쫓겨 가다가 가우다라는 작은 섬 아래로 지나 간신히 거루를 잡아끌어 올리고 줄을 가지고 선체를 둘

러 감고 스르디스에 걸릴까 두려워하여 연장을 내리고 그냥 쫓겨 가더니 우리가 풍랑으로 심히 애쓰다가 이튿날 사공들이 짐을 바다에 풀어 버리고 사흘째 되는 날에 배의 기구를 그들의 손으로 내버리니라"(행 27:14-19).

이들은 전에 한 번도 겪어 보지 못한 풍랑을 만났다. 사공들은 배를 지키기 위해 안간힘을 쓰다 결국 짐과 배의 기구들을 직접 바다에 내버리기 시작했다. 오늘날 일어나는 일들과 이 얼마나 유사한가!

세상 모든 것의 근본이 무너지고 있다. 가정이 무너지고 있고, 결혼이라는 개념 자체도 바뀌고 있다. 금융제도가 붕괴되고 있으며 정치도 제대로 돌아가지 않고 있다. 그러는 와중에 기독교를 향한 핍박도 심해지고 있다. 어떻게든 이 현상들을 막으려고 애써보지만 그 결과는 허무할 뿐이며 우리의 계획은 타이타닉 호의 갑판에서 의자 순서만 바꾸는 일에 불과할 뿐이다.

이 세대는 돈, 명예, 권력만이 희망을 준다고 믿어 왔다. 교만하게도 스스로의 지혜가 자신을 지켜 줄 거라고 믿어 왔다. 그러나 이 모든 것은, 자기 자신을 폭풍우 가운데로 인도하는 꼴이 되고 말았다. 이제 배 밖으로 가진 모든 것을 던져 버리는 것 말고는 다른 선택이 없는 지경까지 왔다.

신부가 다시 돌아올 것이다

하나님은 단지 잘못된 욕구와 인간의 계획을 멈추시려고 폭풍우를 허락하신 것이 아니다. 나는 이 모든 일의 중심에서 자신의 신부인 교회를 향한 하나님의 사랑, 아니 그것을 넘어선 질투를 본다. 그분은 자신의 신부가 다시 돌아오기를 열망하고 계신다.

언젠가 예수님은 그분의 백성을 두고 한탄하셨다.

"예루살렘아 예루살렘아 … 암탉이 그 새끼를 날개 아래에 모음 같이 내가 네 자녀를 모으려 한 일이 몇 번이더냐"(마 23:37).

여기서 예수님은 예루살렘 도성에 거주하는 모든 사람을

자신의 신부처럼 여기고 부르시는 듯하다. 그러나 어찌 된 영문인지 신부는 그 부르심을 철저하게 저버리고 말았다. 예수님의 부르짖음은 마치 신부의 부정을 알고 비탄에 빠진 신랑의 슬픈 목소리처럼 들린다.

"너를 나의 신부로 얼마나 간절히 원했는데! 나는 네가 나만의 것이 되기를 원했다. 나는 너를 내 심장 가장 가까이 두어 서로 연합되기를 원했다."

예수님은 무언가가 신부의 마음을 사로잡았다는 것을 알게 되셨다. 그래서 신부의 마음을 되찾기로 결심하셨다. 신부를 광야로 끌고 가서라도 말이다. 우리는 호세아서에서 하나님의 백성이 그분에게서 돌아섰을 때, 하나님이 그들을 어떻게 다루시는지 볼 수 있다.

"그들의 어머니는 음행하였고 그들을 임신했던 자는 부끄러운 일을 행하였나니 이는 그가 이르기를 나는 나를 사랑하는 자들을 따르리니 그들이 내 떡과 내 물과 내 양털과 내 삼과 내 기름과 내 술들을 내게 준다 하였음이라"(호 2:5).

하나님은 그분의 백성이 그분만을 찬양하길 원하셨다. 그러나 그 길 어디에선가 신부는 이 세상의 것과 사랑에 빠져 하나님을 향한 마음을 잃고 말았다. 신부는 신랑에게서 마음을 돌려 물질적인 것을 추구하기 시작했다.

> "그러므로 내가 가시로 그 길을 막으며 담을 쌓아 그로 그 길을 찾지 못하게 하리니 그가 그 사랑하는 자를 따라갈지라도 미치지 못하며 그들을 찾을지라도 만나지 못할 것이라 그제야 그가 이르기를 내가 본 남편에게로 돌아가리니 그때의 내 형편이 지금보다 나았음이라 하리라(호 2:6-7).

다른 말로 하면 이렇게 말씀하신 것이다.
"나는 세상으로 향해 가는 나의 신부의 발걸음을 멈춰 세울 것이다. 그녀가 세상에서 추구하는 것을 하나도 얻지 못하게 할 것이다. 나는 반드시 신부를 나에게로 되돌릴 것이다!"

> "곡식과 새 포도주와 기름은 내가 그에게 준 것이요 그

들이 바알을 위하여 쓴 은과 금도 내가 그에게 더하여 준 것이거늘 그가 알지 못하도다"(호 2:8).

당시 사람들은 가나안의 신인 바알을, 자녀를 많이 낳게 해 주고 토지의 생산력과 가축의 번식력을 주관하는 신으로 여겼다. 그런데 하나님의 신부마저도 자신이 소유한 모든 것이 하나님으로부터 온 것임을 망각하고, 소유 그 자체에 집착하기 시작하다가 하나님에게서 벗어나 바알을 숭배하기에 이르렀다.

이는 교회가 아무 저항도 받지 않을 때 어김없이 일어나는 현상이다. 최근까지도 마찬가지이다. 그 결과 우리는 엄청난 실수를 저지르게 되었다. 맘몬 앞에 무릎을 꿇고 만 것이다. 거짓 선지자들은 "신앙심이란, 금전적인 이익을 얻기 위한 수단"이라고 가르치기 시작했고, 이 잘못된 신학은 여러 세대를 거치면서 은밀한 덫이 되었다. 오늘날 우리는 더 이상 교회에서 거듭난 삶을 도전받지 않는다. 오히려 세상 것들을 향한 애착만 강해져 어떻게 해야 축복을 받고 번영하고 인정을 받을 수 있는지 말해 주는 메시지만 들으려 하고 있다. 그런데 경제가 붕괴될 때, 이 부유한 무리에게 어떤 일이 일어나겠는가?

나는 곧 하나님의 집인 교회가 정결케 되리라 믿는다! 머지않아 거짓 메시지를 전하는 '거물'들이 불면 날아가는 먼지 같은 존재였음이 밝혀질 것이다. 우리는 이 모든 일을 통해 하나님이 이 세대 가운데 영광 받으시기로 작정하셨음을 보게 될 것이다. 호세아 시대에 그러하셨듯이 말이다.

> "그러므로 내가 내 곡식을 그것이 익을 계절에 도로 찾으며 내가 내 새 포도주를 그것이 맛 들 시기에 도로 찾으며 … 내가 그의 모든 희락과 절기와 월삭과 안식일과 모든 명절을 폐하겠고, 그가 전에 이르기를 이것은 나를 사랑하는 자들이 내게 준 값이라 하던 그 포도나무와 무화과나무를 거칠게 하여 … 그가 귀고리와 패물로 장식하고 그가 사랑하는 자를 따라가서 나를 잊어버리고 향을 살라 바알들을 섬긴 시일대로 내가 그에게 벌을 주리라 여호와의 말씀이니라"(호 2:9,11-13).

즉, "나는 신부의 마음을 사로잡고 있는 모든 것을 제거할 것이다. 나의 손에서 나오지 않거나 나에게로 인도하지 않는 모든 것, 그것을 순식간에 없애버릴 것이다"라고 하시는 것이다. 그러면 오늘날 이 말씀은 어떻게 드러날 것인가?

하나님은 기근을 불러오실 것이다! 재정을 조달하는 상수도를 마르게 하셔서 위기를 겪게 하실 것이다. 우리 발밑에 놓인 번영신학의 양탄자를 찢어 버리실 것이다. 하나님은 우리에게 잘못된 확신을 주는 모든 것을 제거하셔서 성도들뿐 아니라 모두가 그분을 주목하게 만드실 것이다. 그러나 이렇게 하시는 하나님의 마음이 기쁘실 것이라고 착각하지 마라. 나는 당신이 "사랑하는 너희를 이대로 계속 내버려 둘 수 없구나. 나는 너희들이 멸망으로 가는 길을 계속 걷게 할 수 없구나" 하고 탄식하시는 아버지의 마음을 알기를 원한다.

하나님은 그 사랑으로 모든 것을 동요시키실 것이다. 그분 외에는 더 이상 의지할 것이 없을 때까지 흔들어 놓으실 것이다. 그래서 교회에 그분 말고는 아무것도 남지 않도록 하실 것이다. 우리를 기도할 수밖에 없는 상황으로 몰아넣으실 것이다. 이것이야 말로 하나님이 베푸시는 가장 큰 사랑이 아니겠는가. 그 후에 하나님이 어떻게 말씀하시는지 보라.

"그러므로 보라 내가 그를 타일러 거친 들로 데리고 가서 말로 위로하고"(호 2:14).

하나님이 어디로 향하시는가? 거친 들, 바로 광야이다! 왜 신부를 그리로 데려가시는가? 책망하시기 위해서인가? 그렇지 않다! 거기에서 '위로'하시기 위해서이다. 히브리어에서 '위로'라는 단어는 '마음속 가장 깊은 곳에 부드럽게 이야기하다'라는 뜻이다. 하나님은 자신의 교회를 타일러 메마른 곳으로 데려가신다. 이 시대의 온갖 유혹과 더러움에서 멀리 떠나게 하신다. 그리고 마침내 마음을 터놓고 이야기하신다.

"거기서 비로소 그의 포도원을 그에게 주고 아골 골짜기로 소망의 문을 삼아 주리니"(호 2:15).

'아골 골짜기'는 아간이 여호수아의 진 옆에서 심판을 받은 장소이다. 당시 이스라엘 백성은 약속의 땅에서 최초의 승리를 거둔 직후였다. 그런데 아간이 전장에서 은금과 아름다운 외투에 마음을 빼앗겨 하나님의 명령을 거역하고 이것들을 자신의 장막에 몰래 숨긴다. 그리고 이 죄로 인해 이스라엘은 다음 전쟁에서 패하고 만다. 이때 여호수아가 하나님 앞에 엎드려 그분의 음성을 들은 장소도 아골 골짜기였다.

> "일어나라 어찌하여 이렇게 엎드렸느냐 이스라엘이 범죄하여 내가 그들에게 명령한 나의 언약을 어겼으며 또한 그들이 온전히 바친 물건을 가져가고 도둑질하며 속이고 그것을 그들의 물건들 가운데에 두었느니라 그러므로 이스라엘 자손들이 그들의 원수 앞에 능히 맞서지 못하고 그 앞에서 돌아섰나니 이는 그들도 온전히 바친 것이 됨이라 그 온전히 바친 물건을 너희 중에서 멸하지 아니하면 내가 다시는 너희와 함께 있지 아니하리라"(수 7:10-12).

그리고 이스라엘 백성이 일어나 아간과 그의 가족을 돌로 쳐 죽인 곳도 아골 골짜기였다. 다소 가혹하다고 생각하는가? 당신은 초대교회가 세워질 때, 왜 성령님이 아나니아와 삽비라를 죽이셨는지 생각해 본 적이 있는가?(행 5:1-11) 아간의 경우와 마찬가지였다. 이 일이 하나님의 공동체를, 교회를 망쳐놓을 것이었기 때문이다.

여기서 나는 가난이 하나님의 백성이 되는 기준이 되어야 한다고 말하는 것이 아니다. 하나님은 언제든지 자신의 교회를 재정적으로 축복하셔서 그분의 일이 이 땅에서 이루어지게 하신다. 돈 자체가 문제가 되는 것은 아니다. 돈을 사랑하는 것, 돈 때문에 신뢰의 대상이 바뀌는 것이 문제이다.

> "돈을 사랑함이 일만 악의 뿌리가 되나니 이것을 탐내는 자들은 미혹을 받아 믿음에서 떠나 많은 근심으로써 자기를 찔렀도다"(딤전 6:10).

아간, 아나니아와 삽비라의 죽음은 이 말씀으로도 설명될 수 있다. 하나님은 이러한 결과를 초래하는 탐욕의 영을 멈춰 그 힘을 빼앗으셔야만 했던 것이다. 마찬가지로 우리도 이 문제를 제대로 다루지 않는다면 하나님이 나서실 것이다. 우리가 탐욕을 다스리지 못한다면 하나님이 제거해 버리실 것이다. 하나님은 이런 것들을 최종적으로 다룰 수 있는 장소로 우리를 데려가실 것이다. 그 장소가 광야라 할지라도 말이다.

하나님은 그분의 이름의 영광을 위하여 그렇게 하신다. 그분의 교회를 다시 힘 있게 세우시기 위하여 그렇게 하신다. 즉, 교회를 약하게 하는 모든 것을 제하시고 중심을 바르게 세우셔서 그리스도의 능력이 다시 교회에서 흘러나오게 하시려는 것이다. 그래서 그분의 신부는 다시 한 번 그 입에 권세를 가지고 말하게 될 것이며 바른 목적을 향하게 될 것이며 그 마음에는 즐거움이 있을 것이다.

우리를 광야로 내모는 것은 하나님의 긍휼이다. 이제 곧 심판이 임할 것이다. 그렇지만 그분의 긍휼은 심판을 이길 것이다(약 2:13). 하나님이 이끄신 광야에서 우리는 우리의 '본모습'을 보게 될 것이다. 나는 당연히 천국에 가리라 확신했는데, 실상은 지옥으로 향하고 있으며 그저 종교생활만 해왔다는 사실을 깨닫게 된다면 얼마나 비극적이겠는가. 나는 항상 생각한다.

'배부른 채로 지옥에 가는 것보다 배고픈 채로 천국에 가는 것이 낫다.'

우리가 스스로 겸비하여 자신의 문제를 하나님께 내어드리지 않는다면, 예상치 못한 날에 심판대 앞에 서게 될 것이다. 하나님의 자비의 손은 전 세계를 향해 펼쳐져 있다. 그렇기 때문에 바울은 "창세로부터 그의 보이지 아니하는 것들 곧 그의 영원하신 능력과 신성이 그가 만드신 만물에 분명히 보여 알려졌나니 그러므로 그들이 핑계하지 못할지니라"(롬 1:20)고 말했다. 하나님의 자비를 알면서도 돌이키지 않는다면 그가 받을 심판은 공정하다. 이것이 전 인류가 하나님의 보좌 앞에 섰을 때 "예수 그리스도는 하나님이십니다"라는 고백 외에는 아무 말도 할 수 없는 이유이다. 하나님의 자비는 성경의 역사를 통틀어, 또 바로 지금까지 충분히 분명하게, 그리고 계속해서 드러나고 있다. 하지만 나는 우리가 하나님의 백성이라면 더 좋은 것을 기대할 수 있다고 확신한다. 하나님은 계속해서 광야의 신부를 다음과 같이 묘사하신다.

> "그가 거기서 응대하기를 어렸을 때와 애굽 땅에서 올라오던 날과 같이 하리라 여호와께서 이르시되 그 날에 네가 나를 내 남편이라 일컫고 다시는 내 바알이라 일컫지

아니하리라"(호 2:15-16).

즉, 하나님은 이렇게 말씀하시는 것이다.

"나를 더 이상 주인님이라고 부르지 마라. 너는 나를 남편이라고 부르게 될 것이다. 이제 우리는 깊은 관계를 맺게 될 것이다. 너는 나의 마음을 알게 될 것이고 나와 상상치 못한 친밀함을 누리게 될 것이다. 우리는 신랑과 신부로 함께 걸어갈 것이다."

나쁜 장소에서 좋은 일이 일어난다

왜 다가올 환난 날을 두려워할 필요가 없는지 이제는 그 이유를 알겠는가? 모세와 아론이 이스라엘 백성을 구하기 위해 바로 왕 앞에 섰던 장면을 떠올려 보라. 모세는 바로에게 "우리는 떠날 것이다. 우리 자녀들, 손자손녀들, 젊은이들, 노인들, 그리고 양떼와 소떼도 모두 떠날 것이다!"라고 담대히 선포했다(출 10:9).

그래서 그들은 모두 어디로 갔는가? 역시 광야로 향했다!

그곳은 하나님만 신뢰해야 살 수 있는 장소였다. 기억하라! 하나님의 초자연적인 공급이 드러나고, 만나가 처음 내린 곳도 바로 광야였다(신 8:2-3). 사람은 자신의 힘과 지혜를 도저히 신뢰할 수 없는 장소에 이르러야만 초자연적인 공급을 경험할 수 있다. 하나님은 모든 것을 제공해 주신다고 약속하셨다. 그러나 그 약속을 받기 위해서는 우리가 먼저 하나님이 그것을 나타내실 수 있는 곳으로 가야 한다.

엘리야가 "하나님, 이 민족의 마음을 당신께로 돌려놓아 주시옵소서"라고 울부짖었을 때, 아마도 하나님은 "네가 정말 그렇게 되기를 원하느냐? 이제 몇 년 동안 비를 내리지 않을 테니 시냇가에 숨어 있어라. 이것이 내 백성이 내게 관심을 기울이게 할 수 있는 유일한 방법이다. 나는 비를 멈추어 이 민족이 나를 향해 울부짖게 할 것이다"라고 말씀하셨을 것 같다.

비가 멈추자 끔찍한 가뭄이 이스라엘 땅을 덮쳤다. 더 이상 견딜 수 없는 지경에 이르자, 이스라엘 백성은 진짜 신에 대해 고민하기 시작했다. 바알 선지자들과 아세라 선지자들, 이스라엘 백성들이 갈멜 산에 모였고, 엘리야는 그들 앞에 서서 이렇게 도전했다.

> "너희가 어느 때까지 둘 사이에서 머뭇머뭇 하려느냐 여호와가 만일 하나님이면 그를 따르고 바알이 만일 하나님이면 그를 따를지니라"(왕상 18:21).

우리 세대도 이 결정 앞에 직면해 있다. 당신은 엘리야와 같은 애통하는 마음이 있는가? 당신의 가족, 도시, 민족의 구원을 위하여 간절히 기도하고 있는가? 그렇다면 하나님이 어떻게 응답하셨는지 보고 놀라지 마라. 엘리야도 어김없이 다른 모든 사람처럼 그 기근을 통과해야 했다. 그래야만 백성의 마음이 돌아서기 시작할 때 그들과 함께 있을 수 있기 때문이다. 마찬가지로 예수 그리스도의 교회는 다른 사람들이 직면하게 될 고난의 날을 똑같이 통과해야 한다.

하지만 세상 사람들은 이를 전혀 이해하지 못한다. 그들은 기근의 시절을 통과하는 일이 어떤 가치가 있는지 볼 수 있는 눈이 없기 때문이다. 그들의 눈은 오직 고난에 고정되어 있을 뿐이다. 그들은 하나님이 은밀하게 행하시는 일을 이해하지 못하고, 하나님의 뜻이 그들의 생각보다 훨씬 높다는 사실도 금방 잊어버린다. 하지만 광야를 피하면 하나님의 초자연적인 길을 알 수 없다. 또한 그 길은 모든 것을 안다고 여기는 사람들은 절대로 갈 수 없다.

당신 주위를 한번 둘러보라. 모든 것이 쓰러지고 있다면 더욱 힘을 내라! 우리는 이제 곧 광야에 입성하게 될 것이다. 아가서에 나오는 신부처럼 이 세대에도 사랑하는 신랑에게 기대어 이 광야를 헤치고 나올 신부가 필요하다.

> "그의 사랑하는 자를 의지하고 거친 들에서 올라오는 여자가 누구인가"(아 8:5).

Part 2

하나님의 자산을 누리라

03

하나님의 신병훈련소를
통과한 후

"그러므로 너희가 이제 여러 가지 시험으로 말미암아 잠깐 근심하게 되지 않을 수 없으나 오히려 크게 기뻐하는도다 너희 믿음의 확실함은 불로 연단하여도 없어질 금보다 더 귀하여 예수 그리스도께서 나타나실 때에 칭찬과 영광과 존귀를 얻게 할 것이니라"벧전 1:6-7.

성경은 하나님의 백성이 대기근을 겪어야만 했던 다른 사건에 대해서도 말하고 있다.

> "그가 또 그 땅에 기근이 들게 하사 그들이 의지하고 있는 양식을 다 끊으셨도다"(시 105:16).

이 기근은 야곱 시대에 애굽과 가나안 땅에 있었다. 하나님은 이 극심한 기근이 있기 전에 한 사람을 애굽으로 보내셨다. 바로 요셉이었다. 우리는 모두 요셉처럼 위대한 일을 위해 보냄을 받는 한 사람이 되기를 원한다.

오늘날 하나님께서 "내가 누구를 보낼까?"라고 말씀하실 때, 이사야처럼 "내가 여기 있나이다 나를 보내소서!"라고 대답하며 열렬하게 자원하는 사람들이 얼마나 많은가. 그러나 안타깝게도 하나님의 뜻을 제대로 이해하지 못한 채 자원하는 경우도 많다. 그래서 그들은 불같은 시험이 닥쳐올 때 의

아해 한다.

어쩌면 당신은 배신, 박해, 내적 갈등, 자녀 문제, 상실, 아니면 다른 문제들로 극심한 고통 가운데 내팽개쳐 있을지 모른다. 그래서 "하나님, 왜 제가 이런 일을 겪어야 합니까? 잠시라도 이 고통을 감하여 주실 수 없습니까? 왜 이렇게 몸부림치며 살아야 합니까? 왜 이렇게 분노해야 합니까?"라고 외치고 있는지도 모른다.

시편 말씀이 어떻게 이어지는지 주목하여 보라.

> "요셉이 종으로 팔렸도다 그의 발은 차꼬를 차고 그의 몸은 쇠사슬에 매였으니 곧 여호와의 말씀이 응할 때까지라 그의 말씀이 그를 단련하였도다"(시 105:17-19).

"단련하였도다"의 히브리어 단어는 '세랍'으로 "금속을 녹이고 제련하고 불로 금과 은의 불순물을 제거하다"라는 의미이다. 성경이 말하고자 하는 바는 다음과 같다. 하나님은 요셉에게 언약하셨다. 하지만 그 언약이 실현되기까지 하나님의 말씀은 요셉을 한 장소로 이끌어 갔고, 그곳에서 그는 불같은 연단을 받아 하나님의 마음과 닮지 않은 모든 것이 제거되었다.

하나님은 그분의 공급이 필요한 사람들을 위해 요셉의 손에 그 세대를 구원할 무엇인가를 쥐어 주기를 원하셨다. 하지만 하나님은 검증되지 않은 그릇에 그런 귀한 보배를 둘 수 없으셨다.

고난의 시기를 향해 가는 지금, 하나님이 요셉처럼 당신을 그곳에 미리 보내셨다고 생각한 적은 없는가? 우리에게 폭풍우를 허락하신 것이 하나님의 자비이듯, 당신을 미리 보내셔서 당신 손에 무언가를 쥐어 주시는 것도 하나님의 자비이다. 하지만 그전에 하나님의 말씀이 반드시 당신을 연단할 것이다.

사도 베드로는 다음과 같이 설명하고 있다.

"그러므로 너희가 이제 여러 가지 시험으로 말미암아 잠깐 근심하게 되지 않을 수 없으나 오히려 크게 기뻐하는도다 너희 믿음의 확실함은 불로 연단하여도 없어질 금보다 더 귀하여 예수 그리스도께서 나타나실 때에 칭찬과 영광과 존귀를 얻게 할 것이니라"(벧전 1:6-7).

믿음의 시험! 만약 당신이 지금 이 시험을 겪고 있다면 결코 절망하지 마라! 하나님이 그날을 위해 당신을 준비시키고 계시기 때문이다. 세상 많은 사람들이 '금'에 투자하는 이때에, 하나님은 자신의 백성을 이 땅에서 없어질 금보다 더 귀한 것으로 준비하고 계신다! 흥미롭게도 데이비드 윌커슨 목사가 「비전」에 기록한 중요한 예언 중 하나가 바로 이것이다.

> "금값은 천정부지로 치솟을 것이다. 하지만 그 가격이 오래 지속되지는 못할 것이다 … 은이나 금은 우리를 진정으로 지켜 줄 수 없다 … 금을 쌓아 둔 사람들은 후에 엄청난 손해를 입을 것이다."

이 책이 출간된 1973년에 금값은 1온스(약 28그램)에 65달러였다. 그리고 지금은 그때보다 20배나 더 올랐다. 이것이 의미하는 바가 무엇인가? 사람들은 가치가 있다고 생각되는 것은, 그것이 무엇이든 얻어내려고 노력한다는 것이다. 많은 사람들이 금을 유형자산으로 여기지만, 사실 금은 실질적이고 지속적인 안전한 자산이 아니다. 그래서 여기에 투자한 사람들은 언젠가 큰 손해를 입을 것이다. 이사야도 금 우상과 은 우상을 두더지와 박쥐에게 던질 날이 오리라고 말했다(사 2:20).

세상 사람들이 금을 얻기 위해 발버둥 칠 때, 지혜로운 사람은 "내게서 불로 연단한 금을 사서 부요하게 하라"는 예수님의 말씀을 기억할 것이다(계 3:18). 당신은 이 말씀을 어떻게 받아들이고 있는가? 깊은 이해를 위해, 요셉의 여정을 자세히 살펴보자.

궁정으로 가는 긴 여정을 시작하다

요셉은 어렸을 때 하나님께 위대한 약속을 받았다. 하나님은 그가 영향력 있는 지도자가 될 것을 꿈으로 보여 주셨다(창 37:5-9). 뿐만 아니라 아버지 야곱도 자녀들 가운데 요셉을 가장 사랑하여 그에게 채색옷을 입혔다. 이렇게 요셉의 여정은 멋진 옷을 입고, 위대한 약속을 품고 시작되었다. 그러나 요셉은 자신을 향한 하나님의 목적을 이해하지 못하고, 가족에게 자신의 꿈 이야기를 자랑하듯 말했다. 그는 하나님의 약속이 이뤄지는 여정에는 반드시 장애물이 있다는 것을 당시에는 미처 알지 못했던 것이다.

첫 번째 장애물은 무엇이었는가? 바로 구덩이였다. 그곳은 유기와 배신의 장소였다. 요셉의 형제들은 질투심에 불타 동생을 구덩이에 던졌고, 은 20에 그를 이스마엘 상인들에게 팔아넘겼다. 요셉에게 이보다 더한 배신이 있을까? 아마도 그는 큰 상처를 받았을 것이다.

배신은 우리가 반드시 통과해야 할 어려운 수업이 될 것이다. 그리스도께서도 이미 그 길을 가셨다. 나 역시 마음에 사무치는 배신을 몇 차례 경험한 적이 있다. 한번은 그 배신감을 극복하는데 꼬박 1년이 걸리기도 했다. 전혀 상상치 못한 방법으로 배신을 당했을 때, 나는 남몰래 참 많이 울었다. 배신은 정말 견디기 어려운 상처였다. 아마 당신도 요셉처럼 하나님께 쓰임 받으리라는 꿈과 희망을 품고 출발했을 것이다. 그런데 그때 가까운 사람조차 당신을 믿어 주지 않았을 수도, 또 누군가는 질투하면서 어떻게든 당신을 팔아넘겼을 수도 있다.

요셉은 애굽으로 끌려가 보디발의 종이 되었다. 이때 그는 자신이 처한 상황에서 최선을 다하리라 결심한 듯 보인다. 그는 권위에 복종하며 모든 일을 잘 처리했고, 하나님이 함께 하셔서 그가 하는 모든 일이 형통하게 되었다. 그래서 보디발은 요셉을 가정 총무로 삼고 자신의 모든 소유를 그에게 위탁했다(창 39:3-4). 하지만 충성의 보답으로 돌아온 것은 '죄인'으로 옥에 갇히는 것이었다. 요셉은 누명을 쓰고 감옥에 갇혔지만 불평하지 않았다.

> "여호와께서 요셉과 함께 하시고 그에게 인자를 더하사 간수장에게 은혜를 받게 하시매 간수장이 옥중 죄수를 다 요셉의 손에 맡기므로 그 제반 사무를 요셉이 처리하고 간수장은 그의 손에 맡긴 것을 무엇이든지 살펴보지 아니하였으니 이는 여호와께서 요셉과 함께 하심이라 여호와께서 그를 범사에 형통하게 하셨더라"(창 39:21-23).

어느 날 요셉은 애굽 왕의 술 맡은 관원장의 꿈을 해석한 후 "당신이 잘 되시거든 나를 생각하고 내게 은혜를 베풀어서 내 사정을 바로에게 아뢰어 이 집에서 나를 건져 주소서"(창 40:14)라고 간청했다. 술 맡은 관원장은 요셉의 풀이대로 전직을 회복했지만 그를 2년간 기억하지 못하고 잊어버렸다.

우리는 요셉이 왕의 죄수들을 가두는 곳에 갇혀 있었다는 사실에 주목할 필요가 있다(창 39:20). 이는 불순물이 제거되어야 할 때, 왕의 감옥에 갇히는 것 말고는 다른 방법이 없었음을 의미한다. 우리의 불순물을 제거하시기 위해 우리를 어려운 자리로 데려가시는 분은 바로 하나님이시다. 하나님은 요셉을 연단하신 것처럼 우리를 연단하신다.

하나님의 신병훈련소에 들어가다

시편 105장 19절에서 사용된 '연단'이라는 단어는 "전투에 적합하게 되다"라는 뜻도 있다. 하나님께 약속을 받았어도 궁정으로 가는 여정이 아직 멀었다는 사실을 깨달으면 그 길에서 낙담하기 쉽다. 그래서 우리는 하나님이 우리를 전투에 적합하게 만들고 계신다는 것을 기억해야 한다.

군대에 들어가는 순간, 전투 훈련이 시작된다. 이처럼 하나님도 우리가 영적 전쟁에 대비할 수 있도록 훈련시키신다. 당신이 지금 겪고 있거나 다가올 날에 겪게 될 연단에 대해 더 잘 이해할 수 있도록, 나는 지금부터 예를 들어 설명하고자 한다.

큰아들이 해병대 신병훈련소에 입대한 후 얼마 지나지 않아 내게 편지를 보내기 시작했다. 아주 절망적인 내용이었다. 아들은 얼마나 절박했는지 자신의 기도제목을 데이비드 윌커슨 목사님과 장로님들에게 전해달라고 부탁했다.

처음에 젊은이들은 세계 평화를 지키겠다는 거창한 포부를 안고 군에 입대한다. 그러나 훈련이 시작되면 곧 후회하기 시작하는데, 그 이유는 강도 높은 훈련이 자신들을 얼마나 강한 군사로 키우는지 아직은 모르기 때문이다. 하지만 시간이 지나면서 그들은 도저히 극복할 수 없는 일도 거뜬히 해내는 강한 체력과 의지를 갖게 된다. 협동과 인내, 명령에 복종하는 것을 배우게 된다. 그리고 마침내는 강하고 자랑스러운 군인이 된다.

하나님은 우리가 이렇게 되기를 바라신다. 그러기 위해서는 먼저 가혹한 훈련을 통과해야 하는데, 우리는 모두 하나님 나라에 참여하기를 원하고 하나님의 말씀을 듣고 성령으로 충만하기를 원한다. 성령의 검을 휘두르며 거침없이 전진하기를 원한다. 그리스도인을 대표하고 싶어 하고 수많은 영혼이 구원받는 모습을 목격하고 싶어 한다. 모든 악의 세력들을 제거하고 아무 어려움 없이 신앙생활을 하기를 원한다. 즉, 요셉처럼 멋진 옷을 입고 약속을 받아 하나님의 궁정으로 직행하기를 원한다.

하지만 하나님의 약속은 아무 연단 없이 이뤄지지 않는다. 진리가 우리 안에 없으면 언제라도 큰 위험에 빠질 수 있다. 예를 들어, 모세가 "주의 영광을 내게 보이소서"(출 33:18)라고 했을 때, 그는 놀라운 계시를 받았다.

> "여호와께서 그의 앞으로 지나시며 선포하시되 여호와라 여호와라 자비롭고 은혜롭고 노하기를 더디하고 인자와 진실이 많은 하나님이라 인자를 천대까지 베풀며 악과 과실과 죄를 용서하리라…"(출 34:6-7).

그러나 얼마 지나지 않아 모세는 분노해서 반석을 쳤고 자신이 이끄는 백성들을 반역자의 무리라고 불렀다. 이는 그가 하나님을 잘못 이해한 것이고, 결국 이 일로 그는 약속의 땅에 들어가지 못했다.

하나님은 이런 우리를 잘 알고 계시기 때문에 그분의 신병훈련소로 이끄신다! 큰아들이 보낸 편지는 고난으로 연단받을 때 드리는 우리의 기도와 많이 닮아 있다. 혹시 당신도 하나님의 뜻을 모르고 고난을 피하게만 해달라고 기도드리고 있진 않은가?

오늘날 하나님의 연단을 통과하지 않은 많은 사역자들이 강단에 서고 있다. 그들은 혜성처럼 나타나서 사람들의 이목을 받지만, 쉽게 분노하고 남의 흠을 지적하며 너그럽지 못하고 욕심으로 가득 차 있다. 그들은 하나님과 아무런 관계도 없으며 그리스도를 아는 지식도 없다. 그 이유는 아무 연단을 받지 않고, 그것을 원하지도 않기 때문이다. 연단이 하나님의 훈련 과정임을 깨닫지 못하는 한, 그런 사역자들은 계속해서 자신의 소리를 높일 것이다.

당신을 방해하고 힘들게 하는 것은 그 무엇도 아닌 하나님의 자비이다. 당신을 반대하는 소리를 높이시는 분도 하나님이시다. 그분은 언제라도 당신을 힘들게 하는 것들을 없애실 수 있지만 그렇게 하지 않으신다. 당신을 훈련하고 계시기 때문이다. 하나님은 그렇게 당신을 흠 없이 만들어 가신다.

그렇다면 하나님이 요셉을 연단하신 후 그에게 어떤 일이 일어났는가?

> "왕이 사람을 보내어 그를 석방함이여 뭇 백성의 통치자가 그를 자유롭게 하였도다 그를 그의 집의 주관자로 삼아 그의 모든 소유를 관리하게 하고"(시 105:20-21).

하나님이 고난을 허락하신 이유를 깨닫는 순간이 당신에게도 찾아 올 것이다. 그러나 하나님만이 당신의 힘이시며 모든 것의 원천이 되실 때까지, 그리고 당신이 십자가에 달리신 그분의 형상으로 빚어질 때까지 당신은 계속해서 연단 받을 것이다.

연단의 중요성을 깨달으면 하나님의 약속을 이루는 여정

이 아무리 힘들어도 하나님만 바라보게 될 것이다. 이제 하나님이 당신을 불로 연단하시도록 기꺼이 허락하라. 그러면 당신은 금보다 더 귀한 것을 쥐고 그 과정을 벗어날 수 있을 것이다.

04

당신이 연단의 불속에
홀로 남겨진 후

"모든 일 곧 배부름과 배고픔과 풍부와 궁핍에도 처할 줄 아는 일체의 비결을 배웠노라" 빌 4:12.

1989년에 나는 캐나다 동부 지역에 있는 많은 교회들을 다니며 하나님의 선하심을 증거했다. 그때 나는 집회 일정이 빠듯해서 일정이 끝나는 대로 집으로 돌아가 편히 쉬고 싶었다. 그런데 돌아와 보니 집이 불에 타서 굴뚝 말고는 아무런 형체도 남아 있지 않았다. 우리 집이 완전히, 철저하게 파괴된 것이다.

뜰에 서 있자니 추억이 꼬리에 꼬리를 물고 떠올랐다. 아, 하나님의 기쁨이 우리 집을 채우던 순간들! 오래 된 피아노 주위에 모여 찬송을 부르며 웃음꽃을 터뜨릴 때 온 집을 울리던 그 소리! 또 나는 거실에 기타를 들고 앉아서 얼마나 찬양을 불렀던가! 당시 나는 "사랑합니다, 예수님"이라는 곡도 썼었다. 눈을 돌려 부엌 쪽을 바라보니 성령님의 강력한 임재 가운데 우리 부부가 그곳에 서서 목회의 사명을 받았던 때가 떠올랐다.

또한 이 집은 하나님의 공급하심과 축복이 가득한 곳으로 많은 사람들이 머물다 간 곳이었다. 미혼모와 아이들, 갈 곳 없는 목사님들… 어려운 상황에 처한 많은 사람들이 와서 쉼을 얻고 돌아갔다. 우리 가족은 늘 가진 것 이상으로 그들을 섬겼지만 한 번도 부족함을 느낀 적이 없었다.

그렇게 나는 이 집에서 하나님을 경험했고, 그분을 신뢰하는 법을 배워나갔다. 그런데 이 모든 것이 불에 타 한순간에 사라져 버렸다. 나는 뒤뜰로 달려가 하나님을 향해 울부짖고 싶었다.

"하나님, 집 없는 자들을 돌본 대가가 이겁니까? 이것이 당신을 찬양하고, 당신을 위해 살고, 당신을 전하며 다닌 결과입니까? 혹시 우리가 소유한 모든 것을 가져가기로 작정하셨습니까?"

사탄은 하나님의 선하심을 의심하라고 끊임없이 속삭였지만, 나는 "하나님이 허락하신 모든 일에는 이유가 있다"고 믿기로 결심했다. 그리고 그 이유를 한참이 지난 후에야 깨달았다. 하나님은 내가 뉴욕으로 떠나게 될 것을, 그리고 내게서 제거되어야 할 것들이 무엇인지 알고 계셨던 것이다.

하나님은 내가 그분만을 신뢰하도록 훈련시키셨다. 이 모든 것을 배우는데 집에 불이 난 것보다 더 나은 방법은 없었다. 이후로도 나는 이보다 훨씬 더 어려운 상황을 겪었지만 그때마다 믿음이 작동되어 이겨나갈 수 있었다.

하나님만의 기준이 있으시다

하나님께 쓰임받기를 원한다면 '불'을 피할 수 없다. 물론 모두가 나처럼 문자적인 의미에서의 불로 연단 받는 것은 아니다. 그런데 그날 우리 집에서 유일하게 타지 않고 형체를 유지한 것이 있었는데 바로 벽난로와 굴뚝이었다. 그것들이 타지 않았던 이유는 간단했다. 불에 견딜 수 있도록 엄격한 기준을 통과한 재료들로 만들어진 것이기 때문이다. 그 재료들은 열에 닿을수록 강해지는 것들이었다.

그런데 만약 공사 책임자가 당신 집에 벽난로를 설치한 후, "이 벽돌들은 굉장히 싸게 얻은 거예요. 그래도 보기에는 그럴 듯해 보이죠? 광고도 멋지더라고요. 하지만 저는 이 벽난로가 불을 견뎌낼 수 있을진 잘 모르겠어요. 직접 테스트해보진 않았거든요"라고 말한다면 당신은 그 집에서 하루 빨리 나와야 할 것이다!

오늘날 '그리스도인의 삶'이라는 건축물을 세우는 수많은 사람들을 떠올려 보라. 그들이 세운 건축물들은 겉으론 멋져 보이지만 실은 싸구려 벽돌로 지어진 것이 대부분이다. 그들은 편안함과 안락함만을 추구하며 살아간다. 그들의 신앙은 불로 연단 받은 적이 전혀 없다. 하지만 언젠가는 불로 연단 받을 날이 반드시 올 것이다.

> "각 사람의 공적이 나타날 터인데 그 날이 공적을 밝히리니 이는 불로 나타내고 그 불이 각 사람의 공적이 어떠한 것을 시험할 것임이라"(고전 3:13).

하나님은 이렇게 말씀하시는 것이다.
"나는 모든 사람의 공적이 무엇으로 이루어졌는지, 중심에 있는 것이 무엇인지 알아내고야 말 것이다. 어려움이 닥칠 때 내 나라에 속했다고 할 만한 것이 얼마나 남아 있는지 확인할 것이다."

하나님에게는 하나님만의 기준이 있으시다. 왜냐하면 그

분은 외적인 아름다움 그 이상의 것을 소유한 그리스도인들에게 관심을 갖고 계시기 때문이다. 하나님의 사람들에게는 어려움과 충격을 견딜 수 있는 '내적 구조물'이 있어야 한다. 다가올 환난 날에 유명하고 화려한 사람들은 이내 사라지고, 무명하지만 하나님의 기준을 통과한 사람들은 남아 있을 것이다. 이는 요셉의 삶에서도 증명된다.

"악한 날에 능히 대적하고 모든 일을 행한"(엡 6:13) 또 다른 사람의 예를 살펴보도록 하자.

불에서 더욱 강해지다

에베소 성도들을 권고하기 위해 "악한 날에 능히 대적하고 모든 일을 행한"(엡 6:13)이라는 말씀을 기록한 사람은 바울이다. NLT 버전에서는 이 말씀을 "전투 후에도 당신은 여전히 굳건히 서 있을 것이다"라고 해석한다. 그러나 만약 바울이 불같은 연단을 겪지 않았거나 끝내 견디지 못했더라면 이 말씀은 별로 무게감이 없었을 것이다. 바울은 사역을 시작하는 순간부터 엄청난 고난과 시험을 감내해야 했다.

하나님은 성도들을 핍박하기 위해 다메섹으로 가는 바울을 멈춰 세우셨다. 그리고 얼마 후 아나니아에게 나타나셔서 그를 위해 기도하라고 말씀하셨다.

> "이 사람은 내 이름을 이방인과 임금들과 이스라엘 자손들에게 전하기 위하여 택한 나의 그릇이라 그가 내 이름을 위하여 얼마나 고난을 받아야 할 것을 내가 그에게 보이리라"(행 9:15-16).

바울은 자신이 하나님의 증인이 되기 위해 부름 받았다는 사실을 분명하게 이해하고 있었다. 그래서 그는 그 부르심에 수반되는 고난들도 받아들였다. 사실, 그는 더 나아가 고난에 '참여'한다고 말했다. 바울이 빌립보 교회에 한 말을 살펴보자.

> "내가 그리스도와 그 부활의 권능과 그 고난에 참여함을 알고자 하여 그의 죽으심을 본받아"(빌 3:10).

오늘날의 신학에서 '그리스도인의 고난에 대한 진리'가 간과되는 것은 비극이다. 심지어 바울이 겪은 고난들을 경시하는 교회들도 있는데 이는 섬뜩하기까지 하다. 그들은 바울이 한 말을 조합해서 고난과 시험을 굳이 겪을 필요가 없다고 사람들을 납득시킨다. 이렇게 잘못된 복음이 교회에 넘친다는 것은 비극이다. 특히 바울이 초대교회 시절부터 자신이 받아온 환난들을 숨기려 하지 않았다는 사실을 보면 더욱 그러하다.

> "형제들아 우리가 아시아에서 당한 환난을 너희가 모르기를 원하지 아니하노니 힘에 겹도록 심한 고난을 당하여 살 소망까지 끊어지고 우리는 우리 자신이 사형 선고를 받은 줄 알았으니 이는 우리로 자기를 의지하지 말고 오직 죽은 자를 다시 살리시는 하나님만 의지하게 하심이라"(고후 1:8-9).

바울은 사람의 힘으로는 도저히 생존할 수 없는 상황 속에서 구원을 받았다. 그는 끔찍한 고난을 당했지만 그의 믿음은 결코 흔들리지 않았다. 이는 평범한 우리도 모든 환난을 이겨낼 수 있다는 사실을 증명한다. 진정한 그리스도인은 벽난로의 재료 같아서 열에 노출될수록 강해진다. 하나님이 우리 앞에 어떤 불같은 시험을 준비하셨든지 간에, 또는 하나님이 원수들로 하여금 우리의 앞길에 어떤 불같은 시험을 던지도록 허락하셨든지 간에 우리는 그 불로 더욱 강해질 것이다. 우리의 신앙은 시험을 받을수록 깊어질 것이다.

그러나 단지 당신의 성품이 적절하게 다듬어지고, 그리스도를 드러낼 준비가 되었다고 해서 시험이 끝나는 것은 아니다. 바울은 감옥에 갇혀 글을 쓰다가 참수형을 당함으로써 일생을 마쳤다. 이는 바울의 날이 다하도록 고난이 끝나지 않았음을 의미한다.

나는 배웠다

바울이 평생 감내해야 했던 시험에는 어떤 것들이 있었는가? 바울은 그 목록을 일부 작성해서 남겼다.

"유대인들에게 사십에서 하나 감한 매를 다섯 번 맞았으며 세 번 태장으로 맞고 한 번 돌로 맞고 세 번 파선하고 일 주야를 깊은 바다에서 지냈으며 여러 번 여행하면서 강의 위험과 강도의 위험과 동족의 위험과 이방인의 위험과 시내의 위험과 광야의 위험과 바다의 위험과 거짓 형제 중의 위험을 당하고 또 수고하며 애쓰고 여러 번 자지 못하고 주리며 목마르고 여러 번 굶고 춥고 헐벗었노라"(고후 11:24-27).

우리 중에 얼마나 많은 사람이 바울과 같은 간증을 하기 원하겠는가? 그러면서도 얼마나 많은 사람이 여전히 그처럼 하나님께 계시를 받으려고 하는가!

하나님은 계속되는 시험 가운데 바울에게 힘만 주신 것이 아니었다. 바울은 그리스도의 계시도 점점 더 많이 받게 되었다. 명심하라. 고난은, 고난을 겪은 한 사람을 다른 사람보다 거룩하게 만드는 것이 아니다. 또한 고난을 받지 않았다고 해서 하나님을 모른다는 말도 아니다. 그러나 고난을 겪은 사람들이 하나님과 친밀하고 그분에 대해 더욱 많은 지식을 갖는 것은 사실이다! 그저 옆에서 지켜보는 사람은 하나님의 능력이 어떻게 드러나는지 이해하지 못한다.

고난을 통한 친밀함이 없다면 어떻게 하나님의 위대하심에 관하여 이런 고백을 할 수 있겠는가?

> "아, 내가 보는 것을 너희도 볼 수 있다면 얼마나 좋을까! 모든 이름 위에 뛰어나신 예수님이 하나님 아버지 우편에 앉아 계시는 것을 너희도 볼 수 있다면, 하나님이 모든 것을 자기 발아래 두신 것을 너희도 볼 수 있다면, 하나님이 머리시고 우리는 그분의 몸인 것을 너희도 볼 수 있다면, 만물 안에서 만물을 충만하게 하시는 하나님을 너희도 볼 수만 있다면…"(엡 1:18-23, 저자가 풀어 씀).

또한 어떻게 이처럼 말할 수 있겠는가?

> "어떠한 형편에든지 나는 자족하기를 배웠노니 나는 비천에 처할 줄도 알고 풍부에 처할 줄도 알아 모든 일 곧 배부름과 배고픔과 풍부와 궁핍에도 처할 줄 아는 일체의 비결을 배웠노라 내게 능력 주시는 자 안에서 내가 모

든 것을 할 수 있느니라"(빌 4:11-13).

즉, 바울은 다음과 같이 고백한 것이다.

"나는 어떠한 상황에서도 압도당하지 않는다. 내 안에 계신 그리스도는 내가 지금까지 살면서 만났던, 또 앞으로 만나게 될 모든 일을 이기게 하는 승리의 능력이 되시기 때문이다."

바울은 책을 통해서 또는 계시만을 통해서 이것들을 깨달은 것이 아니었다. 물론 그는 성경을 연구하고 성경을 아는 사람이었다. 그는 어디에 가든지 빈틈없이 진리를 논했고, 셋째 하늘에 이끌려 가 하나님의 임재 안에 여러 계시를 받은 사람이었다. 하지만 그의 모든 연구와 그가 받은 모든 계시도 그의 안에 이러한 지식들을 만들어내지는 못했다. 오직 고난 받는 사람만이 바울이 체득한 깨달음의 깊이에 도달할 수 있다.

바울은 매일, 그리고 여정의 매 단계마다 하나님을 목말라했다. 그리고 자신이 직접 고난의 불을 통과했고, 자신을 지키시는 하나님의 능력을 경험했기에 이런 고백을 진실하게 할 수 있었다. 그가 말하고 기록한 모든 것은 그의 안에서 증명된 것으로 하나님의 말씀이 되었다. 어느 누가 바울의 고백에 반론할 수 있겠는가?

바울의 말은 지식만 지닌 사람의 말보다 훨씬 무게감이 있었다. 우리는 하나님의 말씀을 연구할 수도, 암송할 수도, 가는 곳마다 인용하며 다닐 수도 있다. 하지만 그것은 우리를 진리에 노출시켜줄 뿐이다.

오직 경험, 특히 고난의 시간을 통과한 경험만이 진리의 진정한 능력이 드러나는 곳으로 우리를 인도해 준다. 그래서 우리는 "나는 성경 말씀을 알아"라고 말하는 사람과 "나는 배웠노니"(빌 4:11)라고 말하는 사람의 차이가 엄청나다는 것을 안다.

갓 입학한 신학생이 "제가 분명히 말씀드립니다. 어떤 시험을 당해도 하나님은 당신을 승리케 하실 것입니다!"라고 외칠 수 있다. 그 메시지는 분명한 사실이며 그렇기 때문에 영향력 있게 전해질 수 있다. 그러나 그의 말에 무게감은 없다.

이와 반대로 벤 크랜달(Ben Crandall) 목사가 "우리는 시험을 이겨낼 것입니다"라고 외치면 그 메시지는 무게감 있게 다가온다. 80대인 그는 우리 교회에서 가장 연로한 목사로 많은 시험과 연단을 겪은 사람이다. 한번은 경찰이 새벽 두 시에 그를 찾아와 딸이 교통사고로 사망했다는 소식을 전하기도 했다. 하지만 그는 그때도 여전히 "나는 당신에게 이 이야기를 전하기 위해 여기 있습니다. 하나님은 당신을 연단하시며 그 가운데서 이기게 하실 것입니다!"라고 선포했다. 그리고 이 짧은 외침을 통해 하늘나라의 능력이 따라왔다. 그가 불 가운데를 지나가면서도 하나님을 포기하지 않았기 때문이다.

요셉에게 하신 것처럼 하나님은 당신을 불 가운데 홀로 두실 것이다. 그러나 이것은 매우 중요하다. 하나님이 당신을 단지 아는 사람이 아닌 배운 사람이 되도록 만들어 가실 것이기 때문이다.

그런데 만약 당신이 쉬운 길을 택해서 빠져나간다면 이것을 결코 깨닫지 못할 것이다. 그것에 대해서는 알 수 있더라도 그것 자체는 알 수 없을 것이다. 이것이 반드시 연단을 통과해야 하는 이유이다. 그래야 그리스도를 알 수 있다.

고난은 상처 입은 사람에게 다가가게 한다

바울이 많은 연단을 겪은 뒤, 비로소 하나님은 "이제야 바울의 손에 펜을 맡길 수 있게 되었구나. 이제 성령이 그의 손을 움직여 내 말들을 글로 옮길 수 있겠구나"라고 말씀하셨을 것 같다. 바울이 쓴 서신은 오늘날까지도 우리에게 이렇게 말하고 있다.

> "우리의 모든 환난 중에서 우리를 위로하사 우리로 하여금 하나님께 받는 위로로써 모든 환난 중에 있는 자들을 능히 위로하게 하시는 이시로다 그리스도의 고난이 우리에게 넘친 것같이 우리가 받는 위로도 그리스도로 말미암아 넘치는도다 우리가 환난 당하는 것도 너희가 위로와 구원을 받게 하려는 것이요 우리가 위로를 받는 것도 너희가 위로를 받게 하려는 것이니 이 위로가 너희 속에 역사하여 우리가 받는 것 같은 고난을 너희도 견디게 하느니라 너희를 위한 우리의 소망이 견고함은 너희가 고난에 참여하는 자가 된 것같이 위로에도 그러할 줄을 앎이라"(고후 1:4-7).

이 말씀은 고난에 대한 또 다른 진리를 드러낸다. 고난은 그것을 겪는 사람을 그리스도의 것으로 채워 복음을 모르는 사람들에게 인도한다. 그 세대에 가장 악명 높은 '감옥'에 갇힌 사람들에게 인도한다. 그 감옥은 자신만의 시험을 겪으며 하나님의 위로를 경험한 사람이 아니면 결코 들어갈 수 없는 곳이다. 즉, 다가올 환난 날에 눈물 흘리는 자들을 위로하려면 당신이 먼저 하나님의 위로를 받아야 한다.

수년전 캐나다 작은 마을에서 목회를 할 때, 이 진리를 따라 살아가는 한 젊은 여성을 만난 적이 있다. 그녀는 끊임없이 심적 고통을 당하는 듯 보였다. 남편은 그녀와 네 자녀들을 버리고 떠났으며, 예쁜 네 살짜리 딸은 백혈병으로 투병하다가 사망했다. 그녀의 울부짖음과 슬픔의 깊이를 어찌 말로 표현할 수 있겠는가. 그렇게 그녀는 비통한 심정으로 살아갔다.

그런데 몇 달 후 한 여성이 시한부 인생을 선고받았다는 소식이 들려왔다. 그녀는 그리스도인이 아니었고, 절망에 빠져 아무도 만나지 않고 있었다. 교인들이 그녀를 수십 차례 찾아갔지만 그녀는 아무에게도 문을 열어 주지 않았다. 마침내 딸을 잃은 그녀가 찾아가 문을 두드리며 말했다.

"잠시만 시간을 내주세요! 꼭 전하고 싶은 말이 있어요. 저도 최근에 백혈병으로 딸아이를 잃었답니다. 저는 당신의 심정을 충분히 이해해요."

그러자 굳게 닫혀 있던 문이 열렸다. 그녀는 복음을 전했을 뿐 아니라 하나님의 품으로 가기 전까지 힘든 날을 함께 해 주었다. 언젠가 이러한 질문을 하게 될 날이 분명히 올 것이다. 영혼의 가치는 무엇인가? 하나님은 영혼을 위해 어떤 대가를 치르셨는가?

당신이 살아가는 목적이 그저 모든 어려움을 피하기만 하는 것이라면, 또 복음을 추구하는 목적이 단지 편안하게만 살기 위한 것이라면, 그것이 얼마나 어리석은 일인지 깨닫기를 바란다. 그런 복음은 절대로 우리 세대의 마음을 어루만질 수 없다. 사람들은 그렇게 살아가지 않기 때문이다. 바울이 디모데에게 한 말도 이와 일맥상통한다.

"수고하는 농부가 곡식을 먼저 받는 것이 마땅하니라 내가 말하는 것을 생각해 보라 주께서 범사에 네게 총명을 주시리라"(딤후 2:6-7).

인생의 마지막이 가까워질수록 바울은 디모데에게 고난에 대해 더 많이 이야기했다.

"하나님이 많은 시험에서 나를 건져 주셨고 지켜 주셨단다. 디모데야, 너도 나처럼 고난 당하기를 바란다. 사람들에게 폭풍우의 다른 편으로 갈 수 있다고 설교하려면 네가 먼저 그 폭풍우를 겪어야 한단다. 너는 반드시 그 믿음에 참여하는 첫 사람이 되어 가진 것이라고는 믿음밖에 없는 수준에 이르러야 한단다."

그렇기 때문에 우리는 계속 시험을 피할 방법만을 찾는 것이 아니라, 하나님이 주시는 능력 안에서 그것들을 이겨낼 방법을 반드시 배워야 한다. 그러면 우리는 칠흑 같은 어둠 속에서 하나님을 가장 친밀하게 알게 될 것이다. 그리고 머지않아 우리가 세상에 드러나게 될 때, 우리의 말에는 무게가 실리게 될 것이며 이 세대에 상처 입은 사람들에게 다가갈 수 있게 될 것이다.

우리 집이 불타 없어졌을 때, 우리는 아이들에게 입힐 옷조차 없었다. 얼마 남아 있지 않던 예금도 다 써버려서 어떤 대비책도, 계획도 없었다. 그런데 어느 날 아침, 마태복음에 있는 예수님의 말씀이 갑자기 내 맘속으로 들어왔다.

"그런즉 너희는 먼저 그의 나라와 그의 의를 구하라 그리하면 이 모든 것을 너희에게 더하시리라"(마 6:33).

나는 "하나님, 저는 그럼에도 불구하고 하나님을 구했습니다. 하나님의 나라와 의를 구했습니다. 저는 계속해서 하나님의 말씀을 의지해 따르겠습니다"라고 기도드리며 미래의 공포를 떨쳐버리리라 결심했다. 그러자 내 마음에 평안이 임했다.

하나님은 그분의 약속의 말씀을 그대로 행하셨다. 우리에게 모든 것을 더해 주셨다. 그것도 그분만이 하실 수 있는 방법으로 말이다. 하나님은 잃어버린 모든 것을 되돌려 주셨다. 그리고 그 시험이 모두 끝난 뒤에 이렇게 말씀하셨다.

"나는 모든 것을 가져갈 수도 있으며 모든 것을 줄 수도 있다는 사실을 네게 보여 주어야만 했단다. 모든 것이 내 손에 있음을 기억하렴."

나는 '하나님은 나를 지키시는 분'이심을 배웠다. 또한 그분이 당신도 지키시리라 확신한다.

05

고난 속에서
'믿음의 은행'을 세우라

"지금 내 마음이 괴로우니 무슨 말을 하리요 아버지여 나를 구원하여 이를 면하게 하여 주옵소서 그러나 내가 이를 위하여 이때에 왔나이다 아버지여, 아버지의 이름을 영광스럽게 하옵소서" 요 12:27-28.

동구권 국가에서 개최된 목회자 컨퍼런스에 참석해 메시지를 전할 기회가 있었다. 그런데 하나님께서 갑자기 '그리스도인의 삶에 고난이 있는 이유'를 주제로 전하라는 마음을 부어 주셨다. 사실 나는 이 날을 위해 오랫동안 애써 준비한 설교가 따로 있었고, 그곳에는 약 천 명의 목회자들이 모여 있었다.

"하나님, 이 사람들은 이미 고난을 많이 당했습니다. 왜 저는 격려와 축복에 대한 메시지는 전할 수 없습니까? 왜 자꾸 제 마음에 부담을 주십니까?"

결국 나는 집회 첫날에 하나님이 전하라고 하신 메시지를 전했다. 그런데 메시지를 마치자 그곳에 있던 목사들이 무릎을 꿇고 울기 시작했다. 처음에 나는 "오, 하나님, 제가 이들에게 절망감만 주었습니다. 이들을 격려하는 게 맞았던 것 같습니다!"라고 탄식했다. 집회가 다 끝난 후 주최측에서 나를 찾아와 말했다.

"목사님, 저희는 지금껏 하나님이 저희에게 벌을 내리고 계신다고만 생각해왔습니다. 저희는 그리스도인이라는 이유로 직장에서 쫓겨났습니다. 사실 공과금 내는 것도 버겁고, 몇몇 목사님들은 차에 기름이 없어서 이곳에 오지 못했습니다. 저희는 목사님이 사는 나라에서 방영하는 텔레비전 프로그램을 보면서 '하나님의 자녀라면 우리도 저렇게 부요하고 풍족해야 하는 것 아니냐'고 참 많이 생각했습니다. 그래서 고난 받을 때마다 하나님이 저희에게 분노하시는 것이 틀림없다고 생각했습니다."

그제야 나는 그들이 슬픔이 아닌 기쁨의 눈물을 흘렸음을 깨달았다. 그들은 마침내 삶에서 벌어지는 일들이 하나님의 형벌이 아님을 깨닫게 된 것이다. 오히려 하나님은 그들이 앞으로 다가올 환난 날을 견딜 수 있도록 준비시키고 계셨다.

쓴 뿌리를 뽑아내라

슬프게도 많은 사람들이 그리스도인의 삶에 나타나는 고난과 시험의 목적을 이해하지 못한다. 그 결과 하나님이 벌을 주신다고 착각하며 심한 죄책감에 시달리거나 절망 가운데 주저앉는다. 우리는 모든 고난 뒤에 하나님의 섭리가 있다는 것을 반드시 기억해야 한다. 이는 하나님께 약속과 비전을 받고 하나님의 목적을 위해 살겠노라고 결단한 사람들에게 특히 중요한 사실이다. 불 한가운데 놓여 있을 때, 그 약속이 얼마나 불가능해 보이는가!

생각해 보라. 요셉도 하나님의 뜻을 이해하지 못했더라면 13년간 계속되는 고난 속에서 쉽게 낙담했을 것이다. 또한 바울이 견뎌야 했던 일들을 생각해 보라. 폭력, 배반, 난파, 고립 등 이 모든 것은 그를 절망시켰을 것이다.

절망감이 당신을 압도하려고 할 때마다 주의하라. 절망감의 끝자락에서 더 위험한 적이 찾아오기 때문이다. 바로 비통함이다. 이는 배신 당하고, 버림받는 듯한 느낌이다. 특히 하나님으로부터 말이다. 그래서 많은 사람들이 시험을 겪을 때 하나님의 약속을 의심하기 시작한다.

"하나님, 처음에 저는 하나님의 약속을 굳게 믿고 소망으로 나아갔습니다. 그때 하나님은 당신의 능력이 제 삶에서 나타날 것이라고도 말씀해 주셨지요? 하지만 이제 제게는 더 이상 힘도, 용기도 남아 있지 않습니다. 저는 배신 당하고 버림받은 것 같습니다. 어찌하여 저를 버리셨습니까?"

오늘날 이러한 감정을 표출할 용기가 있든지 없든지 간에, 많은 그리스도인들의 마음 한편에는 이런 울부짖음이 자리 잡고 있다. 그들은 연단의 시간에 마음이 무너져 내려 하나님의 도우심을 더 이상 볼 수 없게 된다. 이야말로 원수가 정확히 원하는 것이다. 원수는 당신을 깊은 절망으로 이끌고 가서 당신의 삶에 비통함을 뿌리내리게 만든다. 히브리서의 저자는 바로 이 점을 경고했다.

"쓴 뿌리가 나서 괴롭게 하여 많은 사람이 이로 말미암아 더럽게 되지 않게 하며"(히 12:15).

명심하라. 환난 날에 쓴 뿌리로 인하여 더럽혀질 자들이 많이 있다. 고난 받을 때 자신의 삶에 환멸을 느낀 그리스도인들은 "저는 하나님을 신뢰했습니다"라고 항변하곤 하지만 아니, 그렇지 않다! 그들은 하나님을 신뢰하지 않았다. 그들은 자신들이 스스로 만들어 낸 삶의 모습을 신뢰했을 뿐이고,

자신들이 생각한 대로 풀리지 않자, 그 상황을 견딜 수 없어 하나님에게 성을 내는 것뿐이다. 그들은 궁극적으로 하나님의 신실하심을 비난하는 악한 자의 속삭임에 넘어가고만 것이다.

"하나님, 당신은 나를 실망시켰습니다."

아니다! 하나님은 어느 누구도 실망시키지 않으셨다. 만약 당신이 이렇게 말하고 있다면, 당신은 그리스도와 동행하는 것이 진실로 무엇을 의미하는지 모르는 것이고, 주님을 신실하게 따르는 자들의 걸음을 지켜 주시는 하나님의 약속을 받아들이지 못한 것이다.

고난을 신실하게 감당하라

삼손이 자신에게 포효하는 사자를 죽인 후 블레셋 사람들에게 냈던 수수께끼에는 엄청난 진리가 담겨 있다.

> "먹는 자에게서 먹는 것이 나오고 강한 자에게서 단 것이 나왔느니라"(삿 14:14).

이것이 하나님 나라의 법칙이다. 무시무시한 것들이 당신을 대적하겠지만, 하나님은 그것들로부터 당신을 지켜 주실 뿐 아니라 다른 사람들의 생명을 위해 필요한 영양분도 공급해 주실 것이다. 그러니 패배할 것이라고 생각하지도, 스스로 낙심하지도 말고 악한 세력이 그렇게 속이지도 못하게 하라. 시험을 당하는 과정 속에서도 "하나님은 신실하시다"고 선포하라. 그리고 하나님은 절대로 당신을 실망시키지도 버리지도 않으신다는 사실을 마음속 깊이 새기라. 하나님은 그분의 이름의 명예를 걸고 우리를 지키겠다고 약속하셨다.

　많은 사람들이 시험 중에 "하나님, 저를 대적에게서 구해 주옵소서. 이 어려움에서 벗어나게 하옵소서"와 같은 기도에만 집중한다. 그러나 하나님이 당신을 인도해 오신 것에 대해서, 당신 안에 심어 주신 하나님의 능력에 대해서, 미래를 위해 당신 안에 심으신 하나님의 약속에 대해서 감사드려 본 적이 있는가? 하나님께서 당신에게 고난을 주셨기에 당신도 그리스도처럼 걸어갈 수 있게 되었음을 감사해 본 적이 있는가? 바울은 이렇게 말한다.

"그리스도를 위하여 너희에게 은혜를 주신 것은 다만 그를 믿을 뿐 아니라 또한 그를 위하여 고난도 받게 하려 하심이라"(빌 1:29).

지금 당신이 어떠한 어려운 상황에 처해 있든지 감사하라. 하나님이 불같은 연단을 통해 그리스도와 닮지 않은 모든 것을 제거하고 계신다. 하나님은 당신의 삶을 통해 그분의 목적을 이루고 계시며 이 시대에 하나님의 대변자로 준비하고 계신다.

지난 세월 동안 나는 좋을 때에도 나쁠 때에도 하나님께 감사하라는 가르침을 배워왔다. 나는 좋을 때에는 얻을 수 없는 것들을 시련을 통해 얻었다. 또한 시련을 통해 내게 하나님이 필요하다는 것과 나의 무능함은 그분의 은혜와 선하심, 능력으로만 극복된다는 것을 깨달았다. 시련은 나의 믿음을 정결하게 하였다.

나는 놀라운 경험을 했던 '정상'을 허락하신 하나님께 감사드린다. 그러나 내가 그리스도의 성품으로 변화되며 성장한 곳은 정상이 아닌 '험한 계곡'이었다. 나는 그곳을 원하지 않았지만, 바로 그곳에서 하나님만이 주실 수 있는 능력을 경험했다.

몇 년 전, 뉴욕으로 이사 왔을 때의 일이다. 감기가 천식으로 진행되어 숨을 제대로 쉴 수 없게 되자 결국에는 산소통을 써야 했다. 후에야 그 집이 유독(有毒)한 곰팡이로 뒤덮여 있다는 사실을 발견했는데, 당시에 나는 기도를 드리기 위해 산소통이 필요했다. 사람들은 이런 내 모습을 보고 "사탄이 나를 해치려 한다"고 말했다. 하지만 하나님이 내 마음에 들려주신 음성은 다른 내용이었다.

"내가 이를 허락하였노라."

하나님은 나를 시편 119편 말씀으로 인도하셨다.

> "고난당하기 전에는 내가 그릇 행하였더니 이제는 주의 말씀을 지키나이다"(67절).
>
> "고난당한 것이 내게 유익이라 이로 말미암아 내가 주의 율례들을 배우게 되었나이다"(71절).
>
> "여호와여 내가 알거니와 주의 심판은 의로우시고 주께서 나를 괴롭게 하심은 성실하심 때문이니이다"(75절).

어쩌면 당신은 지금 인생에서 가장 치열한 전투를 벌이며 허덕이고 있을지 모른다. 하지만 고난이 하나님의 길을 가르친다는 사실을 굳게 잡으면 하나님이 허락하신 시험을 오히려 감사하게 될 것이다. 이는 하나님이 신실하시다는 증거이다. 그 고난이 없다면 당신은 하나님이 나타내실 일에 결코 도달할 수 없을 것이다.

하루는 길을 걸어가는데 숨이 너무 차서 비틀거리기 시작했다. 그때 갑자기 하나님이 내 마음에 "네가 가진 자질은 자칫하면 교회에 큰 해를 끼칠 수 있기 때문에, 나는 그런 일이 일어나지 않도록 너를 다스릴 것이다. 그리고 나만을 전적으로 의지하게 만들 것이다. 너는 원하는 곳으로 갈 수 없을 것이며 네가 가진 능력이 얼마나 보잘것없는지 알게 될 것이다. 네 육체의 기름통은 늘 비어 있어서 성령님이 이끌지 않으시면 혼자 힘으로 갈 수 없을 것이다"라고 말씀하셨고, 그 이후로 지금까지 나는 성령님의 인도하심을 의지하여 나아가고 있다.

하나님은 신실하시다. 그분은 우리가 필요한 모든 것을 아신다. 우리 삶에 어떤 일이 생겨야 하는지도, 우리가 어떤 계곡을 지나야 하는지도 다 아신다. 또한 당신이 마지막 때에 쓰임 받기 위해 어떤 반대에 부딪혀야 하는지도 다 아신다.

고난 속에서 노래가 생겨나다

고난 앞에서 하나님께 감사하는 법을 배우는 것은 나 자신뿐 아니라 주위 사람들을 위해서도 매우 중요하다. 이것은 바울이 고난에 대해 깨달은 또 다른 진리이기도 하다. 바로 사람들이 나를 지켜본다는 것이다. 그렇기 때문에 고난은 그리스도를 증언할 기회를 준다.

바울과 실라가 빌립보에서 어떤 일을 당했는지 기억하는가? 그들은 많이 맞은 뒤에 옥에 갇혔다(행 16:22-24). 아무 잘못도 하지 않은 그들이 어둡고 불편한 장소에 끌려가 절망에 찬 사람들에게 둘러싸이게 되었다. 그곳은 억압만 존재할 뿐 아무 희망이 없는 곳이었다. 어쩌면 다가올 환난 날에 당신도 비슷한 상황에 처할지 모른다. 하나님은 영혼들을 구원하시기 위해 당신을 그곳에 보내셔서 그들의 고통을 보듬고 그들을 바른 길로 인도하실 것이다.

바울과 실라가 옥에 갇혔을 때 무엇을 했는가? 부당한 처사에 대해 불평했는가? 비통해 하며 하나님께 따져 물었는가? 아니다! 한밤중에 그곳의 적막함과 절망감을 가른 것은 하나님께 드리는 경배의 찬양이었다! 그때 죄수들을 삼키려 했던 사탄의 계획이 무너져 내렸다.

> "이에 갑자기 큰 지진이 나서 옥터가 움직이고 문이 곧 다 열리며 모든 사람의 매인 것이 다 벗어진지라"(행 16:26).

바울과 실라는 고난 가운데 하나님을 찬양하기로 결정했고, 그 결과 자신들뿐 아니라 다른 이들에게도 자유가 주어졌다. 오늘날에도 많은 성도들이 그들처럼 엄청난 고난을 당한다. 하지만 그 고난 속에서 노래가 생겨난다. 그리고 그 노래는 자신의 세대뿐 아니라 후세대까지 영향을 끼친다. 로버트 J. 모건(Robert J. Morgan)은 자신의 책「그때 내 영혼은 노래했네」(Then Sings My Soul)에서 호레이쇼 G. 스패퍼드(Horatio G. Spafford)가 겪은 이야기를 들려준다.

1871년, 시카고 대화재로 도시가 파괴되었다. 당시 변호사였던 호레이쇼 G. 스태퍼드는 부동산에 투자했다가 큰 손해를 보았다. 또 그즈음에 네 살짜리 외동아들이 성홍열에 걸려 사망했다. 그는 그 슬픔을 잊고자, 도시 재건에 힘썼고 노숙자로 전락한 10만 명을 돕는 데 전념했다.

1873년 11월, 호레이쇼는 가족을 데리고 유럽으로 가기로 결심했다. D.L. 무디(D.L. Moody) 목사와 아이라 생키(Ira Sankey)와 가깝게 지낸 터라 영국에서 열리는 집회도 참석할 겸 가려고 한 것이다. 그런데 급한 문제로 뉴욕에 더 머물게 된 그는, 아내와 네 딸만 호화 프랑스 여객선인 빌 주 아르브(Ville du Havre)에 태워 보냈다.

1873년 11월 22일 자정, 여객선이 영국의 철갑선과 충돌해 두 시간 만에 바다 밑으로 가라앉았다. 226명의 사망자 중에는 어린 네 딸도 포함되어 있었다. 다행히 아내는 무의식 상태로 발견되었다. 47명의 생존자가 카디프에 도착했고, 부인은 남편에게 전보를 보냈다. "혼자 살아남음." 호레이쇼는 아내를 보러 가기 위해 즉시 표를 끊었다. 추운 12월의 겨울 밤바다를 지나던 중, 선장이 그를 불러 말했다. "이곳이 빌 주 아르브가 침몰한 지점입니다." 그는 그날 밤 이렇게 혼잣말했다. '내 영혼은 평안하다. 하나님의 뜻은 이루어질지어다.' 이후 그 고백은 유명한 찬송가의 가사가 되었다.

하나님은 종종 그분을 친밀하게 만날 수 있는 장소로 이끄시기 위해 고난을 허락하신다. 그분은 가장 어두울 때에도 손을 들어 그분께 찬양드릴 수 있을 만큼의 친밀함을 원하신다.

당신은 당신이 고난당하는 모습이 주위 사람들에게 하나님의 말씀을 전하고 있다고 생각해 본 적이 있는가? 당신의 이웃들은 평생 성경을 한 번도 펴보지 않을 수 있다. 하지만 당신이 고난당할 때, 그들은 당신이 어떻게 반응하는지 지켜볼 것이다. 그때 그들의 입에서 "나랑 비슷한 어려움을 겪는데 어떻게 하나님을 찬양하며 감사할 수 있지? 그게 가능한가?"라고 고백하게 하라. 그 순간 그들은 어두움에서 벗어나기 시작할 것이다.

> "내가 여호와를 기다리고 기다렸더니 귀를 기울이사 나의 부르짖음을 들으셨도다 나를 기가 막힐 웅덩이와 수렁에서 끌어올리시고 내 발을 반석 위에 두사 내 걸음을 견고하게 하셨도다 새 노래 곧 우리 하나님께 올릴 찬송을 내 입에 두셨으니 많은 사람이 '보고' 두려워하여 여

호와를 의지하리로다"(시 40:1-3).

시편 저자는 많은 사람들이 그 노래를 '들을 것'이라고 말하지 않고 '볼 것'이라고 말한다. 사람들은 당신이 어떻게 살아가는지 다 보고 있으며 당신이 어떤 역경에 처해 있는지 다 알고 있다. 그렇기 때문에 당신이 고난 속에서도 하나님을 향한 신뢰를 잃지 않을 때 그들은 놀라워할 것이다.

어떠한 고난 가운데 있더라도 하나님께 감사하는 마음으로 반응할 수 있도록 그분의 은혜를 구하라. 지금 당장 하나님께 감사하는 법을 배우라. 하나님은 찬양받기 합당하신 분임을 고백하라. 이해할 수 없는 상황에 처해 있다 하더라도 하나님의 선하심을 선포하라. 아무도 살아남을 수 없을 듯한 연단의 장소에서도 당신이 견뎌낼 것을 믿으시는 하나님께 감사하라. 아무나 복음을 따라 살 수 있다면 어떻게 복음의 비범함을 나타내 보일 수 있겠는가? 이러한 이유로 하나님은 최고의 종들을 그분의 힘으로만 견딜 수 있는 불가능한 시절로 인도하신다.

그러한 시절을 견디기는 분명 힘겹다. 그러나 기억하라.

싸움이 없다면 승리도 없다. 그리고 승리를 거두기 전까지는 믿음을 얻을 수가 없다. 믿음은 단지 성경 말씀을 암송한다고 생기는 것이 아니다. 당신이 훈련 받을 교실은 살아 있는 실제의 장소여야만 한다. 나는 지금까지 그 훈련을 받아왔고 하나님은 단 한 번도 나를 실망시키신 적이 없다. 나는 하나님의 보좌 앞에 어떤 불만도 말할 수 없다. '이제는 정말 끝이다'라고 생각한 순간에도 하나님은 내 손을 잡고 힘을 주셨다. 그렇게 하나님은 내 마음에 '믿음의 은행'을 지어 가셨다.

마찬가지로 당신이 겪는 모든 시험에서도 하나님은 신실하실 것이다. 믿음을 키우는 방법은 간단하다. 하나님이 당신을 물이든 불이든 어디든지 데리고 가시도록 하라. 그리고 그때 입에서 찬양을 멈추지 마라. 당신은 승리할 때마다 또 다른 깊이의 믿음을 얻게 될 것이다. 하나님에 대한 신뢰의 '예금'이 마음에 저장될 것이다. 그것은 증거가 될 것이고, 다른 사람에게도 전할 수 있는 가치 있는 것이 될 것이다.

이제 당신은 3부에서 하나님이 당신의 '밑천'으로 어떤 종류의 투자를 계획하셨는지 보게 될 것이다.

Part 3

•

하나님의
무한한
창고가 열리다

06

사람에게
투자하는 법을 배우라

"내가 기뻐하는 금식은 흉악의 결박을 풀어 주며 멍에의 줄을 끌러 주며 압제 당하는 자를 자유하게 하며 모든 멍에를 꺾는 것이 아니겠느냐 또 주린 자에게 네 양식을 나누어 주며 유리하는 빈민을 집에 들이며 헐벗은 자를 보면 입히며 또 네 골육을 피하여 스스로 숨지 아니하는 것이 아니겠느냐" 사 58:6-7.

오늘날 국제 시장이 불안정하기 때문에 사람들은 어디에 투자해야 할지 굉장히 고심한다. 하지만 배당금을 절대적으로 보장해 줄 수 있는 투자 전략은 어디에도 없다. 단 한 가지 전략만 빼고…. 하나님은 그대로만 지켜 행한다면 다가올 날에 안전할 수 있는 법칙을 우리에게 주셨다. 그리고 그 법칙은 정말 간단하다. 사람에게 투자하는 법을 배우는 것이다.

하나님은 사람에게 집중하신다. 예수님은 멸망 당할 인류를 구속하시기 위해 이 땅에 오셨다. 당신과 나를 구하시기 위해 오셨다. 예수님은 다른 이유 때문에 오지 않으셨다. 그분은 우리에게 만족감을 주시거나 기분을 좋게 해 주시려고, 또는 사회적, 경제적 이익을 주시려고 오지 않으셨다. 우리가 익히 잘 알고 있는 성경 말씀은 이렇게 전한다.

"하나님이 세상을 이처럼 사랑하사 독생자를 주셨으니 이는 그를 믿는 자마다 멸망하지 않고 영생을 얻게 하려

하심이라"(요 3:16).

예수님은 우리의 영혼을 구원하는 일에 자신의 피를 흘릴 가치가 있다고 믿으셨고, 우리의 생명을 지키시고 거룩하게 하시는 일에 생명이라는 큰 밑천을 지불할 가치가 있다고 보셨다. 하나님은 인류에게 얼마나 큰 투자를 하셨는가! 우리가 진정으로 그분의 마음을 공유한다면 우리의 초점 역시 '사람'이 되어야 한다.

이러한 개념은 본능과 정반대되는 것으로 특히 재앙의 시기에는 더욱 그러하다. 원래 우리의 모든 초점은 자신을 향해 있으며 우리는 자기 자신만을 위해 부르짖으려는 경향이 강하다.

큰 광풍이 일어나며 물결이 배에 부딪쳐 들어오자 제자들은 예수님이 주무시는 것을 보고 "선생님이여, 우리가 죽게 된 것을 돌보지 아니하시나이까?"라고 소리를 질렀다(막 4:35-39). 제자들은 다른 작은 배들도 해안 저편으로 가기 위해 함께 폭풍 속에 있다는 사실을 완전히 잊고 있었다. 그들은 그곳에서 하나님이 함께 계시다는 것을 아는 유일한 사람들이었기에 "선생님이여, 일어나십시오. 작은 배에 타고 있는 사람들이 죽게 되었습니다. 우리 배에는 선생님이 계시니 우리에게는 맞은편으로 가라고 말씀만 하시면 충분합니다. 하지만 다른 사람들은 배에 선생님을 모시고 있지 않습니다. 그들을 도와주십시오!"라고 외쳤어야 했다. 그러나 당시 그들의 주요 관심사는 다른 사람들이 아니라 바로 자기 자신이었다.

이처럼 재앙을 겪을 때, 다른 사람에게 투자할 생각을 하는 것은 정말 어렵다. 하지만 다른 사람들에게 주는 것, 특히 내가 어려울 때 베푸는 것이야말로 나 자신을 살리는 힘이 될 것이다.

기근이 오기 전에 특별한 지시가 있다

다시 엘리야의 이야기로 돌아가 보자. 엘리야가 갈멜 산에서 바알의 선지자들과 대결하기 전에 하나님은 그에게 특별한 지시를 내리셨다. 엘리야도 기근을 겪어야 했기 때문이다.

"너는 여기서 떠나 동쪽으로 가서 요단 앞 그릿 시냇가에 숨고 그 시냇물을 마시라 내가 까마귀들에게 명령하여 거기서 너를 먹이게 하리라"(왕상 17:3-4).

엘리야의 입장이 되어 보라. 그는 앞으로 몇 년간 비가 내리지 않을 것이라고 막 선포한 참이었다. 그리고 바로 그때 하나님은 그에게 "그릿 시냇가로 가서 노숙하거라. 새들이 와서 너를 먹일 것이다"라고 말씀하셨다.

누구라도 이보다 그럴싸한 방안을 들고 나오지 않겠는가? 하지만 우리는 늘 하나님의 방법이 우리의 방법과 다르다는 점을 명심해야 한다. 하나님의 생각은 우리의 생각보다 비교할 수 없을 정도로 높다.

시간이 흐르면서 엘리야도 시냇가에 사는 것이 편해졌을 것이다. 그래서 어쩌면 이렇게 생각했을지도 모른다.

'이거 괜찮은데! 비는 멈췄지만, 어쨌든 하나님은 이 민족을 자신에게로 돌아오게 하실 거야. 내게는 깨끗한 물이 늘 있고, 게다가 요리할 필요도 없이 까마귀들이 음식을 갖다 주니 얼마나 좋은지! 하나님은 나에게만 안전한 장소를 허락하

셨어. 나는 이제 여기서 가만히 숨어 있다가 바로 갈멜 산으로 갈 거야.'

이것은 오늘날 영적인 시냇가에 드러누워 있는 사람들의 전형적인 모습이다. 그들은 매일 성경을 보고, 원할 때마다 하나님이 주시는 물과 음식을 먹는다. 그러나 그 주위에는 절망이 내려앉아 있다. 사람들은 혼란스러워하고 일자리를 잃기도 하지만 그는 단순하게 "나는 그냥 여기서 폭풍우가 지나갈 때까지 있을래"라고 결론을 짓는다. 만약 엘리야의 계획이 이랬다면 그것은 분명히 오산이었다.

> "땅에 비가 내리지 아니하므로 얼마 후에 그 시내가 마르니라"(왕상 17:7).

엘리야의 눈앞에서 시냇물이 줄어 갔고 마침내 다 말랐다.
"하나님, 뭐하시는 겁니까? 저를 먹여 주시고 편하게 해 주시려는 것 아니었습니까? 지금 무슨 일이 벌어지고 있는 겁니까?"

우리는 얼마 동안 하나님의 약속의 언저리에 자리를 펴고 지낼 수 있다. 그러나 하나님은 우리를 옮기셔서 다른 사람들의 울부짖는 소리에 응답하게 만드실 것이다. 의지하던 물이 끊기게 되자, 하나님은 엘리야에게 다음 지시사항을 말씀하셨다.

> "여호와의 말씀이 엘리야에게 임하여 이르시되 너는 일어나 시돈에 속한 사르밧으로 가서 거기 머물라 내가 그 곳 과부에게 명령하여 네게 음식을 주게 하였느니라 그가 일어나 사르밧으로 가서 성문에 이를 때에 한 과부가 그 곳에서 나뭇가지를 줍는지라 이에 불러 이르되 청하건대 그릇에 물을 조금 가져다가 내가 마시게 하라 그가 가지러 갈 때에 엘리야가 그를 불러 이르되 청하건대 네 손의 떡 한 조각을 내게로 가져오라 그가 이르되 당신의 하나님 여호와께서 살아 계심을 두고 맹세하노니 나는 떡이 없고 다만 통에 가루 한 움큼과 병에 기름 조금 뿐이라 내가 나뭇가지 둘을 주워다가 나와 내 아들을 위하여 음식을 만들어 먹고 그 후에는 죽으리라"(왕상 17:8-12).

엘리야는 하나님의 명령을 듣고 의아했을 것이다.

"이 과부가 무슨 수로 저를 먹이겠습니까? 자기 먹을 것도 없는 사람입니다. 하나님, 확실합니까? 창고에 먹을 것 좀 보관해 놓은 사람이 이스라엘에 정말 아무도 없습니까? 이것이 진정 하나님의 계획입니까?"

성경 말씀에서 하나님이 이미 "네게 음식을 주게 하였느니라"고 말씀하셨다는 사실에 주목하라. 그러나 엘리야가 사르밧에 도착했을 때, 과부는 이것에 대해 아무것도 모르고 있었다. 그렇다면 이 명령이 과연 그 과부에게 정확하게 전달된 것이라고 할 수 있는가? 나는 이 말씀을 다음과 같이 해석한다. 즉, 하나님이 "내가 그 여인에게 네 말을 들을 마음을 주었다"라고 말이다. 과부는 들을 준비가 되어 있었다.

엘리야를 만났을 때, 그녀는 내일 먹을 음식도 없는 상황이었다. 그녀의 모든 말은 "나는 이제 나가서 나뭇가지 두 개를 주워 남은 것을 먹을 작정입니다. 그리고 아들과 함께 죽을 겁니다"로 정리된다. 참 호소력 있는 이야기 아닌가? 그녀는 마치 상한 갈대와 꺼져 가는 등불 같았다.

이사야 선지자는 하나님에 대해 다음과 같이 표현한 적이 있다.

"상한 갈대를 꺾지 아니하며 꺼져 가는 등불을 끄지 아니하고"(사 42:3).

하나님은 이 말씀을 통해 마치 "나는 나를 알고 나를 사랑하는 자들을 결코 버리지 않는다. 나는 그들의 불꽃이 사라지게 하지 않을 것이다"라고 말씀하시는 것 같다. 이 성경 구절의 후반부는 "진실로 정의를 시행할 것이며"라고 이어진다. 나는 이 구절을 이렇게 이해한다. 심판의 때에 '진실'이 다시 알려지게 될 것이라고 말이다.

"나는 내 백성의 불을 끄지 않을 것이다. 나를 알고 나를 사랑하려는 마음이 불똥만큼 남아 있는 자들일지라도, 있지 말아야 할 곳에 있는 자들일지라도, 듣지 말아야 할 것을 듣는 자들일지라도, 나는 그들의 불꽃을 사라지게 하지 않을 것이다. 그들은 여전히 나의 교회의 일부이며 나의 신부이다. 나는 그들을 맞이할 것이다."

그리고 바로 다음 말씀에 우리 세대가 듣고 새겨야 할 진리가 있다.

"내가 기뻐하는 금식은 흉악의 결박을 풀어 주며 멍에의 줄을 끌러 주며 압제 당하는 자를 자유하게 하며 모든 멍에를 꺾는 것이 아니겠느냐 또 주린 자에게 네 양식을 나누어 주며 유리하는 빈민을 집에 들이며 헐벗은 자를 보면 입히며 또 네 골육을 피하여 스스로 숨지 아니하는 것이 아니겠느냐"(사 58:6-7).

우리는 아무 힘도 없고, 공급해 줄 것도 없고, 목적도 없고, 줄 것도 없는 거짓 기독교에 만족해 주위에서 일어나는 긴박한 일들을 모르는 척해서는 안 된다. 그런 종교는 하나님 없는 각종 법률과 규제로 점철된 추악한 제도에 불과하다. 이는 그리스도가 이 땅에 오신 이유를 부정하는 것이다.

나는 사람에게 투자하는 것이 진정한 교회의 특징이 되리라고 확신한다. 하나님을 알고 그 뜻에 따라 살려는 사람들은 낙심한 사람들에게 다가가게 될 것이다. 물론 그들 역시 가난과 고난을 스스로 감내해야 할 것이다. 하지만 하나님의 사람은 그분의 자비를 나타낼 수만 있다면 자신들의 삶을 한 번 더 사용해달라고 기도드릴 것이다.

기근의 때에 과부와 궁핍한 자들에게 나아가기로 결정한다면, 당신은 그들을 살리시는 하나님의 도구가 될 것이다. 우리는 이렇게 서로 서로를 살리게 될 것이다. 왜냐하면 하나님은 이것이 우리의 공급이 될 것이라고 말씀하셨기 때문이다.

> "엘리야가 그에게 이르되 두려워하지 말고 가서 네 말대로 하려니와 먼저 그것으로 나를 위하여 작은 떡 한 개를 만들어 내게로 가져오고 그 후에 너와 네 아들을 위하여 만들라 이스라엘의 하나님 여호와의 말씀이 나 여호와가 비를 지면에 내리는 날까지 그 통의 가루가 떨어지지 아니하고 그 병의 기름이 없어지지 아니하리라 하셨느니라 그가 가서 엘리야의 말대로 하였더니 그와 엘리야와 그의 식구가 여러 날 먹었으나 여호와께서 엘리야를 통하여 하신 말씀 같이 통의 가루가 떨어지지 아니하고 병의 기름이 없어지지 아니하니라"(왕상 17:13-16).

오래전 이 성경 구절을 처음 읽었을 때, 나는 자신에게 먼저 음식을 달라고 하는 부분에서 진저리를 쳤었다. 그때는 이 말씀에 새겨진 위대한 법칙을 깨닫지 못했던 것이다. 사실 하나님은 엘리야에게 이렇게 말씀하신 것이다.

"내가 네게 가르친 것을 과부에게도 가르치거라. 그녀에게 사람들의 필요에 대해 눈을 열라고 하여라. 가난한 이방인에게 베풀고, 가진 것이 적더라도 그것을 남에게 베풀라고 가르치거라. 이렇게 하면 그녀의 공급하는 손이 마르지 않을 것이며 내가 근원이 되어 필요한 것을 끊임없이 공급할 것이다."

하나님의 나라는 이렇게 움직인다. 간단히 말해, 당신에게 땅콩버터 샌드위치 하나밖에 남지 않았을 때, 그것을 반으로 잘라 도시락 없이 학교에 가는 맞은편 집 아이에게 주라는 것이다. 이 법칙은 전혀 복잡하지 않다. 그리고 복잡한 적도 없다.

캐나다에서 목회할 때의 일이다. 하루는 부 목사가 찾아와 자기 차가 방금 폐차되었다고 말했다. 그는 내 책상을 두고 마주 앉아 머리를 흔들면서 "이제 무엇을 어떻게 해야 할지 모르겠습니다. 저축해 놓은 것도 전혀 없고요"라고 말했다. 나는 "그런가요, 같이 기도합시다"라고 부드럽게 권한 후 함께 고개를 숙이고 기도했다. 그런데 순간 내 통장에 6천 달러가 있다는 게 생각났다. 목회가 잘되지 않을 때를 대비해서 준비한 비자금이었다. 당시에 그 정도면 새 차를 장만할 수 있는 돈이었다. 솔직히 말해서 나는 이 생각을 뿌리치고 싶었다. 그러나 기도를 하면 할수록 내가 위선자처럼 느껴져 입 밖으로 한마디도 꺼낼 수 없었다.

내 앞에 그리스도 안에서 형제 된 자가 있다. 이 신실한 사람은 어려움에 처했고, 나는 어떻게 그를 도울 수 있는지 잘 알고 있다. 그럼에도 불구하고 나는 속으로 하나님께 따졌다.

"하나님, 이 돈은 제가 가진 전부인 거 다 아시잖아요. 혹시 애들한테 돈 들어갈 일이 갑자기 생기면 어떻게 합니까? 또 제 차는 어떻고요? 제 차도 오래돼서 언제 고장 날지 모른다고요."

결국 하나님은 나를 이기셨고, 나는 곧장 은행으로 향했다. 정말 솔직히 말하면 돈을 인출하는 순간까지 그 부담감을 피하고 싶었다. 나는 갈등 끝에 계좌에서 돈을 인출해 부 목사에게 건네주었다. 그의 손에 돈을 쥐어 주고 기쁜 마음으로 돌아섰다고 말하고 싶지만 사실 그러지 못했다. 게다가 얼마

지나지 않아 우리 집은 불에 다 타버렸다. 그때 나는 집도 잃었고 가진 돈도 모두 주고 없었다. 그것도 충분하지 않았는지 내 차도 타버리고 말았다. 그땐 뭐라고 할 말이 없었다. 하지만 나는 하나님을 신뢰하기로 결정했다.

얼마 후 나는 교회 천장에 페인트칠을 하고 있었다. 그때 누군가가 "어떤 분이 시내에서 전화를 하셨어요. 급한 전화래요"라고 외쳐 사무실에 가서 전화를 받았다. 한 자동차 영업소에서 온 전화였다. 아침에 한 남자가 내 이름으로 새 차를 하나 구입했으니 와서 사인만 하고 가져가라는 내용이었다. 나는 차를 사준 사람의 이름을 물었지만, 그는 가르쳐 주지 않았다.

나는 앞으로 다가올 날에 이런 기적을 더 자주 경험하게 되리라 믿는다. 그렇다고 내 말을 곡해하지는 마라. 나는 당신이 6천 달러를 누군가에게 주면 새 차를 얻게 될 것이라고 말하는 것이 아니다. 내가 말하고 싶은 것은 다른 사람에게 투자하는 일을 두려워하지 말라는 것이다. 비록 당신이 어려운 사정에 처해 있더라도 그렇게 하라. 하나님은 초자연적인 방법으로 당신을 먹이실 것이다.

예수 그리스도는 당신의 필요를 충분하게 채워주실 것이며 그분의 일을 성취하시기 위해 필요한 모든 것을 제공해주실 것이다. 뿐만 아니라 당신이 가진 작은 것을 취하셔서 많은 사람들에게 나눠주실 것이다. 오병이어의 기적을 떠올려 보라.

그때 제자들이 경험한 것처럼 주위는 굶주린 사람들로 가득한데, 줄 수 있는 것은 터무니없이 적은, 그런 순간이 당신에게도 찾아올 것이다. 하지만 줄 것이 없다고 해서 그들에게 등을 돌리지 마라. 또한 하나님은 아무것도 없는 당신을 통해 일하시지 않을 것이라고, 당신의 삶은 이 세대에 아무 영향력도 끼치지 못할 것이라고 생각하지 마라. 하나님은 당신의 적은 소유를 취해 풍성하게 만드실 것이다. 당신을 통해 홀로 영광 받으실 것이다. 작은 소년이 보리떡 다섯 개와 물고기 두 마리를 예수님께 드렸을 때, 성경은 그 많은 무리가 배불리 먹었을 뿐 아니라 "다 배불리 먹고 남은 떡 조각과 물고기를 열두 바구니에 차게 거두었으며"(막 6:42-43)라고 기록하고 있다.

우리 가족이 캐나다에 살 때 경험한 일이다. 어느 주일에

스무 명 남짓한 사람들이 우리 집을 찾아와 도움을 구했다. 그중에는 다섯 자녀를 둔, 갈 곳 없는 가정도 있었다. 그날 우리에게 있는 것이라곤 다진 쇠고기 500그램, 스파게티 면 조금과 소스뿐이었지만, 우리는 그들을 집안으로 들였다. 어떻게 굶주리는 이들을 외면할 수 있겠는가?

아내는 재료를 전부 꺼내놓고 불안해 하며 요리를 하기 시작했다. 그런데 그때 "걱정하지 마라. 그저 계속 나누어 주어라"는 하나님의 음성이 들려왔다. 아내는 말씀에 순종하여 음식을 계속 접시에 담았고, 마침내 모두가 그 적은 쇠고기를 배부르게 먹을 수 있었다. 음식은 모자라지 않았을 뿐 아니라 남았다!

냉장고를 채우는 것만 해도 온전히 하나님을 의뢰해야만 했던 시절이었지만, 그날 이후 우리는 푸드뱅크를 시작해야 한다는 감동을 받았고, 급기야 200가정 이상에 세끼 식사를 모두 제공하게 되었다. 하나님은 이 가정들을 채우시지 못한 적도, 우리 가족이 필요한 것을 공급하시지 못한 적도 없으셨다. 하루는 누군가가 찾아와 하나님이 자신에게 우리 냉장고를 쇠고기로 채우라고 명령하셨다고 말했다. 그것도 고급 송

아지 고기를 말이다. 그는 쇠고기를 가득 채운 후 "고기가 떨어지면 언제든지 연락주세요. 다시 채워 드리겠습니다"라는 말을 남기고 떠났다.

이것이 오병이어의 기적에 담긴 교훈이다. 또한 시냇가에서 지낸 엘리야 이야기의 모든 것이다. 그때는 엘리야에게 불가능을 가능케 하시는 그분의 능력을 가르쳐 주시는 시기였고, 그를 준비시키시는 시기였다. 그랬기 때문에 엘리야는 과부에게 가서 "가진 것이 없어도 하나님께 드리도록 하라. 걱정 마라. 하나님이 우리를 지키시고 살리실 것을 약속하셨다"라고 말할 수 있었다.

남은 열두 광주리를 포기하라

우리는 오병이어의 기적을 통해 하나님이 우리의 필요를 아시고 공급하시는 분임을 확실히 알 수 있다. 또한 사람에게 투자하는 것은 선택의 문제이며 그 선택은 결코 쉽지 않다는 것을 알았다. 제자들의 여정을 살펴보면 그들도 많은 대가를 치러야 했다.

예수님은 5천 명(성인 남자의 수만)을 먹이신 후, 제자들을 재촉하셔서 건너편 벳새다로 가게 하셨다. 그런데 폭풍우가 몰아쳐 그들은 거친 바람과 파도에 맞서야 했다. 그때 예수님이 물 위를 걸어 그들에게 다가오셨다. 순간 제자들은 아연실색했고, 예수님이 배에 오르시자 바람은 멈추었다. 그들은 마침내 게네사렛 땅에 이르렀다(막 6:45-53).

이제 이 상황을 자세히 살펴보도록 하자. 제자들은 폭풍우 때문에 밤새 노를 저으며 고생하고 있었다. 분명 그들은 피곤하고 지쳐 있었을 것이다. 사실 그들이 뒤로 하고 떠나온 곳에는 먹을 것이 열두 광주리나 남아 있었다. 즉, 제자들은 안락한 장소, 충분한 공급이 있는 곳을 뒤로 하고 떠나온 것이다. 그러나 이제 다시 그들 앞에는 가난, 질병, 인간적인 필요가 기다리고 있었다. 그들에게 앞으로 나아간다는 것은 젖은 옷을 입고 예수님과 함께 궁핍한 자를 찾아간다는 것을 의미했다. 그런 상황에서 제자들은 이렇게 말하기 쉬웠을 것이다.

"우리가 얼마나 거친 폭풍우를 뚫고 여기까지 왔는가. 이제 모든 시험은 끝났다! 그러니 이제 맞은편, 열두 광주리를 남겨놓은 곳으로 다시 노를 저어 돌아가자."

제자들은 어떤 핑계를 만들어서라도 다시 돌아가고 싶었을지 모른다. 그들은 배를 돌려 자신만의 안위와 자신만의 음식을 챙겨야겠다고 충분히 결정할 수 있었다. 하지만 그렇게 하지 않았다. 그들은 예수님의 사역에 동참해서 나아가기로 결정했다. 성경은 우리에게 예수님과 그분의 제자들이 그 배에서 내려 온 지방을 다녔다고 전한다. 즉, 사람들이 살아가는 자리인 아픔과 질병, 노고, 종교적 혼란이 있는 곳으로 나아간 것이다. 어려움에 처한 사람들에게 먼저 다가간 것이다.

그러면 우리는 하나님과 함께할 때 자연스럽게 사람의 어려움을 향해 나아가게 되는 것인가? 우리의 필요가 있음에도 불구하고 다른 사람들을 먼저 도울 때 시험과 환난이라는 배에서 내리게 되는 것인가? 우리는 모두 예수님이 걸으신 길을 걷도록 부름을 받았지만 그 응답에 대한 선택은 우리에게 있다.

> "네가 부를 때에는 나 여호와가 응답하겠고 네가 부르짖을 때에는 내가 여기 있다 하리라 만일 네가 너희 중에서

멍에와 손가락질과 허망한 말을 제하여 버리고 주린 자에게 네 심정이 동하며 괴로워하는 자의 심정을 만족하게 하면 네 빛이 흑암 중에서 떠올라 네 어둠이 낮과 같이 될 것이며 여호와가 너를 항상 인도하여 메마른 곳에서도 네 영혼을 만족하게 하며 네 뼈를 견고하게 하리니 너는 물 댄 동산 같겠고 물이 끊어지지 아니하는 샘 같을 것이라 네게서 날 자들이 오래 황폐된 곳들을 다시 세울 것이며 너는 역대의 파괴된 기초를 쌓으리니 너를 일컬어 무너진 데를 보수하는 자라 할 것이며 길을 수축하여 거할 곳이 되게 하는 자라 하리라"(사 58:9-12).

우리가 누군가의 필요에 손을 내밀 때, 하나님은 흑암 중에라도 우리 눈앞에는 빛이 있을 것이라고 약속하셨다. 그러면 우리는 혼돈 중에도 명쾌한 사고를 할 수 있게 된다. 하나님은 우리를 지키시고 만족하게 하실 뿐 아니라, 우리를 통해 하나님의 주권적인 일들을 하신다. 이 구절은 우리가 '무너진 데를 보수하는 자'로 불릴 것이라고 말한다. 다른 말로 하면, 하나님이 우리를 무너진 곳을 보수하는 자들로 사용하셔서 우리 사회와 가정에 원수가 접근할 수 없도록 하신다는 것이다.

그래서 나는 당신에게 간청한다. 과부에게 가라. 엘리야가 그렇게 했다. 도움이 필요한 사람들이 있는 곳으로 가라. 예수님과 그분의 제자들이 그렇게 했다. 가난하고 억압받는 자들, 아무 도움도 받지 못하는 자들에게 손을 내밀어라. 하나님의 놀라운 은혜를 흘려보내는 통로가 되어라. 그것이 당신의 능력과 힘이 될 것이다. 그렇게 할 때, 앞날에 기근이 있다 하더라도 하나님이 당신의 공급자가 되어 주실 것이다.

이 모든 일 가운데 하나님의 지혜가 우리에게 있기를 원한다. 사람들의 필요에 손을 내민다는 것은, 항상 내 은행계좌를 탈탈 털어서 제일 먼저 만나는 사람에게 다 주라는 의미가 아니다. 하지만 분명한 것은, 바로 지금이 나를 둘러싼 사람들의 필요를 인식하고 성령님이 주시는 감동에 따라 순종할 때라는 것이다. 우리는 사람들의 요구를 외면하고 자신만 안전한 '시냇가'에 숨어서는 안 된다. 자기 것만 챙기는데 만족해서 자기 소유의 '떡 광주리'를 찾으러 돌아가서도 안 된다. 지금은 스스로를 위해 필요한 것들을 가능한 많이 모아

놓을 때가 아니라, 다른 사람에게 손을 내밀 용기를 가져야 할 때이다. 사람들에게 투자하면 이 땅에서 뿐 아니라 영원히 그 보상을 받을 것이다.

07

하나님의 창고의
열쇠를 취하라

"누가 이 세상의 재물을 가지고 형제의 궁핍함을 보고도 도와 줄 마음을 닫으면 하나님의 사랑이 어찌 그 속에 거하겠느냐" 요일 3:17.

우리 하나님은 한없이 공급하시는 분이다. 성경은 땅도 하나님의 것이요 거기에 충만한 것도 하나님의 것이라고 말한다. 은도 하나님의 것이며 금도 하나님의 것이다. 뭇 산의 가축들도 하나님의 것이다(시 24:1, 50:10 ; 학 2:8). 뿐만 아니라 우리는 하나님이 좋으신 아버지이심도 안다. 세상의 어떤 위대한 아버지보다 무한히 뛰어나신 하나님은 그분의 자녀들에게 주시는 것을 즐거워하신다. 그렇다면 우리는 하나님의 무한하신 공급을 왜 이렇게 조금밖에 활용하지 못하는 걸까?

　앞에서 살펴보았듯이, 모든 것은 사람에게 투자하기로 결정하는 데서부터 시작한다. 하나님은 우리 안에 무언가 다른 것, 즉 하나님의 무한한 공급하심을 여는데 필수적인 것들을 만들어내시기 위해 일해 오셨다. 영웅과 거리가 먼 사람도 그 열쇠를 발견하기만 하면 기근의 시기에 엄청난 공급의 문을 열 수 있다. 우리는 그 증거를 열왕기상 2장에서 찾아볼 수 있다. 이 이야기 역시 극심한 고난과 기근의 시기에서부터 시작한다.

> "이후에 아람 왕 벤하닷이 그의 온 군대를 모아 올라와서 사마리아를 에워싸니 아람 사람이 사마리아를 에워싸므로 성중이 크게 주려서 나귀 머리 하나에 은 팔십 세겔이요 비둘기 똥 사분의 일 갑에 은 다섯 세겔이라 하니" (왕하 6:24-25).

극심한 물자난이 이스라엘 북부 지역인 사마리아에 닥쳤다. 적들은 전형적인 전략을 택했다. 성을 둘러싸고 봉쇄한 뒤에 주민들을 아사시키려는 것이었다. 변변치 못한 먹을거리들의 가격이 천정부지로 뛰어올랐다. 사마리아 사람들은 별 가치 없는 먹을거리들을 사기 위해 전 재산을 내놓아야 할 판이었다. 식량 공급은 대부분 끊겼고, 사람들은 남은 식량을 찾아내기 위해 무섭게 달려들었다. 살아남기 위해 인육을 먹는 등 이전에는 상상도 못한 극단적인 방법들에 의지하게 되었다(왕하 6:28-29).

고난이 닥칠 때, 하나님과 하나님을 섬기는 자들보다 책임을 뒤집어씌우기에 적합한 대상이 어디 있겠는가? 아합 왕도 비가 멈추자 나라에 화를 불러왔다고 엘리야를 비난하지 않았는가? 이 상황에서 이스라엘 왕은 사마리아에 닥친 고난에 분노한 나머지 "당장 엘리사의 머리를 베어 버리겠다"고 결심했다(왕하 6:31). 이처럼 그리스도를 따르는 사람은 다가올 날에 큰 박해를 받게 될 것이다.

이후 하나님은 이스라엘 왕에게 그분의 메시지를 전하셨다.

> "엘리사가 이르되 여호와의 말씀을 들을지어다 여호와께서 이르시되 내일 이맘때에 사마리아 성문에서 고운 밀가루 한 스아를 한 세겔로 매매하고 보리 두 스아를 한 세겔로 매매하리라 하셨느니라 그 때에 왕이 그의 손에 의지하는 자 곧 한 장관이 하나님의 사람에게 대답하여 이르되 여호와께서 하늘에 창을 내신들 어찌 이런 일이 있으리요 하더라 엘리사가 이르되 네가 네 눈으로 보리라 그러나 그것을 먹지는 못하리라 하니라"(왕하 7:1-2).

하나님은 엘리사를 통해 예전처럼 먹을 것을 구할 수 있을 것이라고 말씀하셨다. 그러나 한 장관이 이를 믿지 못하고 대꾸했다.

"이 일이 과연 일어나겠는가?"

성경은 그가 "여호와께서 하늘에 창을 내신들 어찌 이런 일이 있으리요?"라고 말했다고 정확하게 기록하고 있다.

당신과 나는 하룻밤 사이에도 천지가 개벽하는 시대에 살고 있다. 9·11 당시 뉴욕에 거주하는 사람이라면 상점의 물건들이 얼마나 빨리 동이 났는지 기억할 것이다. 혹 가까운 미래에 먹을 것이 부족해지는 사태가 갑자기 발생한다면, 시편 기자의 말을 마음속 깊이 새기는 편이 더 현명할 것이다.

"내가 어려서부터 늙기까지 의인이 버림을 당하거나 그의 자손이 걸식함을 보지 못하였도다"(시 37:25).

하지만 나는 왕의 장관이 품었던 불신감으로 팽배한 이 시대에 얼마나 많은 사람들이, 하나님이 공급하시겠다는 약속에 반응을 보일지 의문이다. 그 장관의 말에 엘리사는 이렇게 답했다.

> "네가 네 눈으로 보리라 그러나 그것을 먹지는 못하리라"(왕하 7:2).

얼마나 준엄한 일침인가! 이는 하나님의 말씀을 경솔히 대해서는 안 된다는 것을 다시 한 번 일깨워 준다. 하나님의 경고뿐 아니라 하나님의 약속도 마찬가지이다. 만약 이 장관에게 조금이라도 지혜가 있었다면 "하나님, 제 믿음 없음을 용서해 주시옵소서! 제가 말한 것을 용서해 주시옵소서. 하나님께서는 스스로 하신 모든 말씀을 언제나 지키시는 신실한 분이십니다. 저는 그것을 믿습니다"라고 곧바로 말했을 것이다. 불행하게도 그는 하나님의 말씀대로 음식을 얻으려고 성문을 통해 달려 나가는 사람들에게 밟혀 죽고 말았다.

가망 없는 것이 하나님의 최선책이 되다

과연 이 각본에서 하나님의 계획은 무엇이었는가? 하나님의 끝없는 공급의 문이 마침내 열리게 된 이유는 무엇이었는가?

"성문 어귀에 나병환자 네 사람이 있더니 그 친구에게 서로 말하되 우리가 어찌하여 여기 앉아서 죽기를 기다리랴 만일 우리가 성읍으로 가자고 말한다면 성읍에는 굶주림이 있으니 우리가 거기서 죽을 것이요 만일 우리가 여기서 머무르면 역시 우리가 죽을 것이라 그런즉 우리가 가서 아람 군대에게 항복하자"(왕하 7:3-4).

네 명의 나병환자! 그들이 차선책이었다고 생각하지 마라. 그들은 하나님의 최선책이었다. 하나님은 왕도, 왕의 군대도, 게다가 엘리사도 성안에 두고 계셨다. 그분이 원하시면 언제든지 엘리사를 통해 적군의 눈을 멀게 해 포로로 삼으실 수 있으셨다. 하나님이 사용하실 수 있는 계획은 무궁무진했다. 그러나 하나님은 먹을 것을 공급하는 놀라운 계획을 위해 네 명의 나병환자를 사용하기로 결정하셨다. 이 네 명이 먹을 것을 찾아 이동할 때, 하나님은 백성들을 굶주리게 한 지옥의 모든 권세를 공포에 떨게 만드셨다.

> "아람 진으로 가려 하여 해 질 무렵에 일어나 아람 진영 끝에 이르러서 본즉 그곳에 한 사람도 없으니 이는 주께서 아람 군대로 병거 소리와 말 소리와 큰 군대의 소리를 듣게 하셨으므로 아람 사람이 서로 말하기를 이스라엘 왕이 우리를 치려 하여 헷 사람의 왕들과 애굽 왕들에게 값을 주고 그들을 우리에게 오게 하였다"(왕하 7:5-7).

그들은 단 네 명에 불과했지만, 하나님은 그들에게서 그분의 공급하심을 허락할 수 있을 만한 '군대'를 발견하셨다. 그들이 아람 진영으로 향할 때, 하나님은 지옥문까지 울리는 큰 소리를 내셨다. 적군은 그 소리에 압도되어 싸울 생각도 하지 못하고 도망을 쳤다.

하나님이 가장 부적합해 보이는 사람들을 택하셨다는 것이 흥미롭지 않은가? 승리는 힘이나 능력, 말의 유창함에 있지 않다. 가장 가망 없어 보이는 네 명이 어떻게든 살려고 음식이 있을 만한 곳으로 향했을 때 승리가 나타났다. 이것은 사마리아의 어떤 작전에도 없던 것이었고, 아무도 그들을 고려하지 않았었다. 또한 아무도 하나님의 계획이 무엇인지 볼 수 있는 눈이 없었다. 사마리아 사람들 대부분이 믿음을 잃어버린 상태였다.

네 명의 나병환자들이 적진에 도착한 순간, 그들은 버려진 각종 보화와 음식들을 보았다. 모닥불이 타오르고 있었고 스프도 아직 식지 않았으며 말과 당나귀도 그대로 서 있었다. 하지만 사람은 한 명도 없었다. 그들이 맨 처음 들어간 적진의 장막을 노략하는 모습을 상상해 보라. 그들은 실컷 먹고 마시고 은금과 옷을 취하여 숨긴 후에 또 다른 것을 약탈하려고 다른 장막으로 옮겼을 것이다. 하나님이 이런 모습에서 영광을 받으실 수 있겠는가? 하나님은 왜 이런 자들을 택하셨는가? 나는 다음 구절에 그 답이 있다고 생각한다.

"나병환자들이 그 친구에게 서로 말하되 우리가 이렇게 해서는 아니되겠도다 오늘은 아름다운 소식이 있는 날이거늘 우리가 침묵하고 있도다 만일 밝은 아침까지 기다리면 벌이 우리에게 미칠지니 이제 떠나 왕궁에 가서 알

리자 하고"(왕하 7:9).

"우리가 이렇게 해서는 아니되겠도다"라는 말은 "우리는 여기에서 충분히 얻었다. 적은 정복되었고 믿을 수 없을 만큼 풍부한 물자가 여기에 있다. 하지만 이것은 우리만을 위한 것이 아니라 성읍에 있는 사람들을 위한 것이다. 우리는 여기서 침묵을 지키고 있으면 안 된다. 가서 알려야 한다!"

하나님은 그들의 성품에서 핵심적인 것을 보셨다. 그분의 공급의 통로가 되는 사람이라면 반드시 있어야 할 '긍휼'을 보신 것이다. 하나님은 그들 안에서 그 마음을 보셨기 때문에 그분의 '창고'를 열 수 있는 '열쇠'를 그들에게 주신 것이다.

'긍휼'이라는 단어는 '동정, 측은함, 특정 상황에서 어떤 일을 할 수 있도록 만드는 내적 동력이나 열망'을 의미한다. 불행하게도 인간의 필요를 향해 나아가는 우리의 동기가 긍휼이 아닐 때가 많다. 때론 신학을 증명하기 위해, 무언가를 해야 한다는 의무감에, 하나님에게 무언가를 얻기 위해 그러기도 한다. 그래서 오늘날 많은 사람들이 프로그램이 잘 짜여진 교회를 찾는 것 같다.

나는 하나님의 긍휼로 가득 찬 사람이 되기를 원한다. 성령님의 감동으로 어려운 사람들의 필요를 채워주는 사람이 되고 싶다. 나는 종교적 강박관념이 아닌 그리스도의 긍휼로 움직이는 사람이 되고 싶다. 여기에는 큰 차이가 있다.

나는 의무감이 아닌 그 크신 긍휼로 자신의 생명을 내어주신 예수님께 참으로 감사드린다. 그분이 십자가를 법적 근거로 대시면서 "난 할 일을 다 했으니 이제는 너희가 할 차례이다"라고 말씀하시지 않아서 감사하다. 그렇다. 예수님은 온전한 사랑과 긍휼을 품으셨기에 죄인을 위해 십자가에 달리실 수 있으셨다. 그래서 누구든지 그분에게 나아가기만 하면 그분의 생명을 공급받게 된다. 긍휼을 품으신 구세주를 통해 생명의 공급 창고가 우리에게 열리게 되었다. 그리고 이제 예수 그리스도의 마음을 가진 교회를 통해 그 생명이 끝없이 공급될 것이다.

긍휼은 슬픔이 아니다. 이 점을 명심하라. 내가 긍휼이 많은 사람이라고 해서 길을 갈 때마다 슬픔에 잠겨 머리를 푹 숙이고 다닐 필요는 없다. 긍휼은 슬픔보다 더욱 깊은 것이다. 그것은 영적인 움직임이며 하나님으로부터 나오는 것이며 우리를 이렇게 울부짖게 만드는 것이다.

"하나님, 제 손을 통해 이곳에 필요한 모든 것을 풀어 주시옵소서. 하나님의 어린아이들이 굶주리고 있습니다. 하나님의 집이 속박되어 있습니다. 아직도 십자가를 통해 주신 자유를 모르는 자들이 많습니다. 전능하신 하나님, 제 손을 통하여 풀어 주시옵소서!"

이러한 부르짖음이 나병환자들에게 있었다. 공동체는 그들을 배제시켰지만 그들은 공동체를 생각하고 있었다. 긍휼한 마음이 있었기 때문이다. 하나님께 그들이 어떤 사람인지는 하나도 문제가 되지 않았다.

'용서'를 선택하다

지금까지 나는 사람들에게 투자해야 한다고 말했다. 하지만 이는 우리를 해하지 않는 사람들에게 해당하는 경우였다. 엘리야가 찾아간 과부도 그에게 어떤 해도 끼치지 않았다. 제자들도 호수 맞은편 게네사렛 땅에 도달하기 전까지, 그곳에 있는 사람들을 한 번도 만난 적이 없었다. 그렇지만 내게 잘

못을 저지른 사람에게 어떻게 긍휼을 품고 나아갈 수 있겠는가? 거절감과 모멸감을 준 성중의 사람들에게 나병환자들은 복수하고 싶지 않았겠는가?

당시에 그들이 어떤 대우를 받았는지 아는 것은 매우 중요하다. 실제로 그들은 성안에 들어갈 때마다 얼굴을 가리고 "부정하다! 부정하다!"라고 외쳐야 했고, 사람들은 그들이 가는 곳마다 피해 달아났다. 그들이 처음에 나눈 이야기를 기억해 보라.

"우리가 어찌하여 여기 앉아서 죽기를 기다리랴."

이 말은 그들이 음식을 얻을 수 있는 모든 가능성과 기회에서 배제되었음을 의미한다. 당시 서열을 따지면 왕이 첫 번째, 그 다음은 군사들과 왕가였다. 모든 우선권은 큰 영향력을 끼치거나 큰 부를 소유한 사람들에게 먼저 돌아갔다. 나병환자들은 최하층이었다. 그렇기 때문에 그들은 충분히 이렇게 말할 수 있었다.

"우리처럼 고통 받다가 굶어죽으라지. 이제 나는 모든 것을 누리며 지낼 거야. 사람들이 어떻게 이 난관을 벗어나는지 어디 한 번 구경이나 하자고!"

감사하게도 그들은 이렇게 하지 않았다. 왕이라도, 아니 다른 누구라도 그들처럼 하기는 어려웠을 것이다. 오직 나병 환자로서 살아온 삶이 그들의 마음에 영향을 끼쳤을 것이다. 그들은 거절당하고 고통당하고 고난 받아온 삶이 어떤 것인지 잘 알고 있었다. 그러했기에 그들은 긍휼한 마음으로 반응했고 그 결과 그리스도의 마음을 보여 주는 구약의 주인공들이 되었다. 그들의 입장에서 본다면 이것은 엄청난 '용서'를 요구하는 일이었다. 우리도 그들처럼 고통 받은 장소로 반드시 돌아가야 한다. 나를 무시하고 피해를 입힌 이웃과 동료들에게 기꺼이 돌아가야 한다.

배신자들이 눈앞에 나타나다

요셉은 형제들이 필요로 하는 식량을 통제하는 자리에 있었지만 그들을 용서하고 받아들였다. 때로 우리는 상처받지 않겠노라고 굳게 다짐하며 사람들을 조심하곤 한다. 그런데 나는 요셉에게도 이런 마음이 있었을 것이라고 생각한다. 그가 낳은 아들의 이름을 보면 그것을 짐작할 수 있다.

기근이 오기 전에 요셉이 낳은 첫째 아들 므낫세는 "하나님이 내게 내 모든 고난과 내 아버지의 온 집 일을 잊어버리게 하셨다"라는 의미이고, 둘째 아들 에브라임은 "하나님이 나를 내가 수고한 땅에서 번성하게 하셨다"라는 의미이다(창 41:51-52). 그 의미들을 생각해 보면, 요셉은 과거의 모든 고통에서 벗어나 하나님의 약속의 성취를 기뻐하며 누리는 듯하다. 그런데 요셉 앞에 고통스런 기억의 실체들인 형들이 나타났다. 이제 그는 그들을 굶주림 가운데 그대로 둘지 살릴지를 선택할 수 있었다.

우리는 탕자의 아버지가 그랬던 것처럼 요셉이 팔을 벌리고 달려가 형들을 껴안았을 것이라고 생각한다. 하지만 요셉의 마음에는 격렬한 갈등이 일었을 것이다. 성경은 요셉이 은밀한 장소를 찾아 울었다고 전한다. 그 순간 그는 얼마나 마음이 아팠겠는가? 13년이나 지속된 고뇌, 고통, 고난, 투옥 등을 우리가 감히 상상이나 할 수 있겠는가? 그러나 마침내 요셉은 형제들에게 자신을 밝혔고, 그때 그는 바로의 궁중에까지 들릴 정도로 크게 울었다고 성경은 기록하고 있다(창 45:2). 우리도 이런 고통스런 선택을 할 때가 있다.

네 명의 나병환자들이 그랬듯이, 요셉도 용서를 선택하고 형제들을 향한 긍휼의 마음을 품었다. 그랬기 때문에 하나님은 그의 손을 통하여 공급의 문을 여셨다. 하나님은 그의 삶 속에 달갑지 않은 상황들을 계속 허락하셔야만 했다. 왜냐하면 그의 영적인 눈을 열어 주셔야 했고, 용서할 수 있는 긍휼한 마음을 심어 주셔야 했고, 하나님의 창고 문을 열 수 있는 힘을 주셔야 했기 때문이다. 요셉이 형제들을 용서하고 껴안았을 때, 하나님의 공급이 그의 모든 가족에게 열렸으며 그들의 자손은 번성해나갔다.

배 밑바닥에서 자비를 구하다

바울도 폭풍 가운데에서 이러한 선택의 순간을 맞았다. 그는 죄수를 이송하는 관습에 따라 아마도 배 밑바닥에 사슬로 단단히 묶여 있었을 것이다. 바울이 출항하지 말라고 경고했을 때, 모든 사람이 그를 비웃고 비난했다. 이러한 모습은 오늘날 그리스도를 대하는 사람들의 모습과도 많이 닮아 있다. 진리가 편협하고 옹졸하고 시대를 역행하는 것으로 취급

당하고 있다. 바울이 배 밑바닥으로 쫓겨나 감금되었듯 진리를 외치는 소리도 갇히고 말았다.

바울이 당한 고난을 생각해 보라. 그는 아마도 불만으로 가득 찬 죄수들에 둘러싸여 있었을 것이다. 그들은 폭풍우가 심해질수록 심한 욕을 하며 저주했을 것이다. 폭풍우에 배가 이리저리 쏠려 다니면서 바닷물이 들어왔을 것이고, 죽음의 기운이 감돌았을 것이다. 이것은 다 바울의 말을 듣지 않은 그들의 영적 무지 때문이었다. 혹 당신도 지금 폭풍우 가운데 있는가? 만약 그렇다면 그 고통의 원인이 된 사람을 어떻게든 지적해서 혼내주고 싶을 것이다. 당신 혼자였다면 결코 가지 않았을 고난의 길로 그가 들어서게 했기 때문이다. 그러나 바울은 그들을 용서하기로 결정하고 이렇게 기도드렸다.

"하나님, 저를 괴롭히는 자들에게 자비를 베풀어 주십시오. 저를 사슬로 묶어 고통을 준 자들을 용서해 주십시오. 하나님의 경고를 무시하고 저를 배 밑바닥에 가둔 선장에게 자비를 베풀어 주십시오. 제게 그들을 위한 하나님의 생명의 말씀을 주십시오."

놀랍지 않은가? 한때 성도들을 핍박한 바울이 이제는 자신을 박해하는 자들을 향해 긍휼한 마음을 갖게 되다니! 그는 복음을 전하면서 당한 고난을 통해, 자격 없는 사람에게 긍휼을 베풀 수 있는 능력이 생긴 것이다.

'패악'을 '긍휼'로 맞서다

요셉이나 바울의 경우와 다르게, 용서해야 할 대상이 당신에게 직접 해를 끼친 사람이 아닐 수도 있다. 요즘에는 세상이 너무 타락해서 사람을 사랑하는 것 자체가 어려워져 버렸다. 언젠가 우리는 하나님께 이렇게 주장할지 모른다.

"그렇지만 이 사람들이 어떤지 다 아시지 않습니까? 저들이 주님 앞에서 무슨 짓을 했는지 다 보시지 않았습니까? 그들은 제가 소중하게 간직한 모든 것을 부수었고, 사회의 근간까지 흔들어 놓았습니다. 주님도 그들이 불평하며 미쳐 날뛰었던 것을 다 기억하시지요? 저를 통해 저들을 사랑하기보다 심판해 주십시오!"

그러나 예수님은 이렇게 대답하실 것이다.

"오, 그렇지, 나는 다 보았지. 하지만 너와 그들을 위해 내가 십자가에 달렸음을 기억하렴. 그때도 사람들은 내 주위에서 손을 흔들며 놀려댔단다. '자기가 하나님의 아들이라고? 그럼, 자기 아버지가 구하러 오시겠지! 쯧쯧, 다른 사람들은 다 구해도 자기 자신은 못 구하는구먼. 어이, 십자가에서 한 번 내려와 봐. 그러면 믿어 줄 테니!'"

잠깐만 생각해 보라. 예수님이 "아버지, 저들을 사하여 주옵소서 자기들이 하는 것을 알지 못함이니이다"라고 십자가에서 말씀하실 때, 군사들은 그 아래서 예수님의 옷을 나눠 제비 뽑고 있었다(눅 23:34). 인간의 패악함과 하나님의 사랑이 극명하게 대비되는 놀라운 광경이지 않은가! 바울은 이렇게 말한다.

"내가 너희 영혼을 위하여 크게 기뻐하므로 재물을 사용하고 또 내 자신까지도 내어 주리니 너희를 더욱 사랑할수록 나는 사랑을 덜 받겠느냐"(고후 12:15).

나는 이 말씀이 정확히 우리가 나아갈 방향이라고 믿는다. 앞으로 다가올 날에는, 우리가 더 큰 사랑과 긍휼로 다가가더라도 사람들이 반응하지 않을 것이다. 친절을 베풀어도 무관심하거나 오히려 그것을 멸시할 것이다. 당신이라면 이때 그들로부터 돌아서서 심판을 요구하고 싶지 않겠는가? 우리 마음속에는 "충분해! 이제 더 이상 못 해 먹겠어!"라고 말하게 하는 무언가가 있다. 하지만 우리는 세상 사람들과 결코 똑같이 행동해서는 안 된다.

우리는 하나님의 긍휼한 마음을 품고 그것이 우리를 통해 흘러가도록 해야 한다. 어떻게 하면 그렇게 할 수 있는가? 공부한다고, 성경을 많이 읽는다고 되는 것인가? 아니다. 오직 십자가의 죽음과 부활로 어둠을 멸하신 주님 안에 거할 때 그렇게 될 수 있다. 그러면 고난을 겪을수록 사람의 반응과 상관없이 그들을 품게 된다. 사람들이 고맙게 여기든 말든, 그들이 정직하든 그렇지 않든 상관없이 말이다. 기억하라. 하나님은 의인과 악인 모두에게 비를 내려 주신다.

나는 하나님이 나를 사랑하신 것처럼 사람들을 용서하거나 사랑할 수 없다. 물론 당신도 마찬가지일 것이다. 인간의 노력으로는 긍휼히 여길 수도, 패악을 용서할 수도 없다. 그것은 초자연적인 것이기 때문에 하나님이 우리 안에 역사하실 때만 가능하다. 당신 힘으로 사랑하기 위해 아무리 노력해도 전능하신 하나님이 이를 허락하시지 않는다면 불가능하다. 원수를 사랑하는 것은 내가 변화되어야 가능한 일이다. 그리고 그 변화는 대부분 시험을 통해 이뤄진다.

고난은 '인자'를 낳는다

나는 주일 아침 예배를 드리기 전에 강단을 가로질러 걸으며 한 시간 동안 기도를 드린다. 그런데 그때 내 모습을 보는 사람은 대부분 '오, 얼마나 신실한 믿음의 사람인가! 목사님은 아마 지금 산을 움직이는 믿음의 기도를 드리고 계실 거야'라고 생각할 것이다. 그러나 정직히 말하겠다. 사실 내 기도는 이러했다.

"하나님, 저는 도저히 못하겠습니다. 어떻게 이것들을 이겨내야 할지 모르겠습니다!"

내 걱정거리는 예배나 설교할 내용에 관한 것이 아니었다. 내 마음과 삶에 나타나는 여러 가지 상황과 문제들이었다. 그런데 고난의 시험을 잘 통과할 때마다 내 안에 무언가가 생겨났다. 그것들은 고난을 통과하기 전에는 없었던 것, 바로 '긍휼'과 '용서'였다.

하나님 나라에서는 '고난'이 '인자'를 낳는다. 아마 세상 사람들은 이것을 전혀 이해할 수 없을 것이다. 나도 어떻게 고난이 하나님의 긍휼을 만드는지 완전히 이해하지 못했다. 그저 그렇게 된다는 사실을 알 뿐이다. 어쨌든 고난의 시험을 통과한 사람은 인자함으로 자신의 팔을 모든 사람에게 벌리게 될 것이다.

하나님은 분명히 이 세대에도 부드러운 손길과 인자한 마음을 가진 사람들을 세워 놓으셨다. 하나님의 교회 역시 이 마음을 품어야 한다. 만약 우리가 그리스도의 긍휼을 잃는다면, 이 세대를 위한 공급의 문을 여는 열쇠도 잃어버리게 될 것이다. 긍휼히 여기는 마음이 없으면 우리는 기근이 닥칠 때 주위 사람들을 비난하게 될 것이다. 그리스도를 전하기는커녕 내게 잘못한 자들에게 복수하게 될 것이다. 하지만 하나님이 보내신 곳으로 긍휼을 품고 나아가는 사람은, 하나님이 흘려보내시는 풍성함에 놀라게 될 것이다. 그분은 끝없는 기쁨을 베풀어 주실 것이다.

08

당신은
'마지막 은행'이 될 것이다

"보라 어둠이 땅을 덮을 것이며 캄캄함이 만민을 가리려니와 오직 여호와께서 네 위에 임하실 것이며 그의 영광이 네 위에 나타나리니 나라들은 네 빛으로, 왕들은 비치는 네 광명으로 나아오리라 네 눈을 들어 사방을 보라 무리가 다 모여 네게로 오느니라 네 아들들은 먼 곳에서 오겠고 네 딸들은 안기어 올 것이라"사 60:2-4.

예수님이 십자가에 달리시기 얼마 전, 제자들은 이렇게 물었다.

"우리에게 이르소서 어느 때에 이런 일이 있겠사오며 또 주의 임하심과 세상 끝에는 무슨 징조가 있사오리이까"(마 24:3).

예수님은 그들에게 대답해 주시면서 이렇게 물으셨다.

"충성되고 지혜 있는 종이 되어 주인에게 그 집 사람들을 맡아 때를 따라 양식을 나눠 줄 자가 누구냐 주인이 올 때에 그 종이 이렇게 하는 것을 보면 그 종이 복이 있으리로다 내가 진실로 너희에게 이르노니 주인이 그의 모든 소유를 그에게 맡기리라"(마 24:45-47).

예수님은 제자들에게 "충성되고 지혜 있는 종이 누구냐?"라고 물으셨다. 세상의 끝이 올 때, 세상을 신뢰한 종들은 자신들을 둘러싼 파괴와 절망에 시선이 고정될 것이다. 반면 그리스도 안에서 믿음을 지킨 종들은 빛을 발할 것이다. 그들은 예수 그리스도의 진정한 교회를 이룰 것이다. 이는 얼마나 영광스러운 광경이 되겠는가!

우리는 다가올 환난 날을 두려워할 필요가 없다. 나는 지금 우리가 영적 각성이 일어나기 바로 직전의 순간을 살아가고 있다고 믿는다. 그 증거는 무엇인가? 영적 각성은 종의 의미를 진정으로 이해할 때, 하나님과 우리 마음이 하나 될 때 일어난다. 그때는 나 자신의 꿈을 버리겠노라고 결정하는 때, 즉 스스로 계획한 미래를 포기하는 때이다. 또 시선을 영원과 영혼에 고정하는 때이다. 그때 하나님은 우리의 마음을 움직이셔서 높아져 가는 울부짖음에 귀를 기울이게 하실 것이다.

이 세대의 깊은 신음소리가 곳곳에서 들려오고 있다. 많은 사람들이 절망 가운데 무너지고 있다. 그러나 이것은, 하나님이 우리를 통해 하실 일들이 이미 시작되었다는 징표이기도 하다. 즉, 복음을 듣고 하나님을 경험할 수 있는 마지막 기회가 온 것이다. 위기의 순간에 사람들은 마침내 귀를 열고 듣게 된다. 굶주린 과부는 엘리야의 명령에 기꺼이 순종했고, 폭풍우 가운데 배에 탄 사람들은 바울의 말을 들을 준비가 되어 있었다.

앞에서 우리는 바울을 아직 배 밑바닥에 남겨두고 왔다. 거기에서 바울은 그들을 용서하리라 다짐하고 하나님께 기도를 드렸다. 그때 누군가 나타나 이렇게 말했다.

"선장이 당신을 데려오라고 했다."

이때 배는 침몰하고 있었고 사람들은 공황상태였다. 이제 선장은 결단을 내려야만 했다.

"더 이상 할 수 있는 일이 없다. 모든 시도가 실패했다. 아, 우리에게 항해를 떠나지 말라고 말한 사람이 있었지? 어서 그 사람을 찾아와라. 그가 무슨 말을 할지 듣고 싶다!"

배 밑바닥에서 갑판 위로 올라선 바울의 모습은 그 자체가 하나님의 보호하심을 증거하고 있었다. 풍랑 가운데 그는 배 밑바닥에서 기도를 드리며 어둠을 물리쳤다. 물론 그는 여전히 죄수의 모습으로 사슬에 매여 있었고 가이사 앞까지 그렇게 끌려가야 했다. 그러나 그는 승리자의 모습으로 섰다!

아마도 바울은 예수 그리스도께 자신을 드린 기쁨으로 가득 차 있었을 것이다. 그는 고통과 고난에도 불구하고 다른 사람을 위해 자신을 기꺼이 내어주는 하나님의 종이었다. 영혼을 사랑하는 하나님의 사랑이 그를 움직였고, 그는 어려운 시기에 적절한 말을 전하도록 준비되어 있었다.

하나님은 바울을 통해 그들에게 충고의 말씀을 전하셨다. 그러나 그것은 책망이 아닌 자비의 메시지였다. 아마도 바울이 전한 메시지의 의미는 이러했을 것이다.

"너희는 내 말을 듣지 않았다. 하지만 이제부터는 잘 들어라. 나는 하나님의 임재 가운데 있으며 그분은 자비로우신 분이다. 하나님은 너희의 생명을 모두 구하실 것이다."

바울은 충실하고 지혜 있는 종으로서 적절한 시기에 '먹을 것'을 나눠 주었다. 이 얼마나 분명한 말씀의 성취인가! 바울은 그들에게 권면의 메시지를 전한 뒤 심지어 그들에게 식사를 하라고 강권했다. 그 다음에 일어난 일은 더욱 놀랍다. 엄청난 파도가 그들 주위를 때리면서 배를 뒤집으려 했고, 사람들은 공포에 질려 있었다. 하지만 바울은 갑판에 서서 떡을 떼어 축사한 후 그들에게 나눠 주었다. 바울은 '최후의 만

찬'을 제외하고, 신약 성경에 나오는 가장 거룩한 성찬식을 배 위에서 행했다. 끝내 배는 난파되었지만 276명 모두 아무 해도 입지 않았다. 이는 자비로의 부르심으로, 그들은 구원의 복음을 들을 기회를 한 번 더 얻게 되었다.

하나님의 처방전이 되다

다가올 날에는 가장 두려워하는 사람들이 제일 먼저 '답'을 찾아 나설 것이다. 안정감을 상실한 사람들이 의지할 참된 가치를 지닌 무언가를 찾으려고 애쓸 것이다. 교회에 실망한 사람들이 진짜 예수님을 찾아 나설 것이다. 슬픔에 사로잡힌 사람들이 격려의 말 한마디를 절실하게 찾아다닐 것이다.

무엇이 사람들로 하여금 그리스도의 진정한 종들에게 달려가도록 만들 것인가? 그것은 다름 아닌 '하나님의 자비'이다. 예전에는 당신을 무시하던 사람이 갑자기 당신과 당신이 전하는 하나님에 대해 관심을 갖게 될 것이다. 배에 탄 사람들이 바울에게 그랬듯이 말이다. 폭풍우 가운데 선장과 선원들은 분명히 놀랐을 것이다.

"이 사람은 왜 이렇게 자신감이 넘치지? 이런 상황에서 어떻게 희망을 말할 수 있지? 우리는 다 끝났다고 말하는데 어떻게 그는 미래에 대해 말할 수 있지? 도대체 그는 왜 우리랑 다른 걸까?"

이처럼 사람들은 당신을 찾아와 "어떻게 하면 절망 대신 소망을 품을 수 있냐"고 물을 것이다. 한때 당신을 조롱하고 놀렸던 사람들이 말이다. 그날을 대비하여 우리는, 우리 속에 있는 소망에 관한 이유를 묻는 자들에게 대답할 말을 준비해 두어야 한다(벧전 3:15).

기억하라. 그들은 새로운 신학을 원하지 않을 것이다. 좋은 성경공부 프로그램도, 하나님에 관한 사실들과 수치만을 제시하는 사람들도 필요로 하지 않을 것이다. 광고가 아무리 잘 만들어졌어도, 누군가의 책상에 그 광고물을 던져 놓고 효과를 바랄 수는 없다. 절대로 그럴 수 없다! 사람들은 고난 중에 하나님을 경험한 이들의 격려의 말을 들어야 한다. 그 삶이 하나님께 드려진, 그래서 그분께 능력을 받은 이들로부터 들어야 한다.

사람들이 당신을 찾을 때, 비로소 당신은 왜 지금까지 고난을 겪어야 했는지 이해하게 될 것이다. 다른 사람들은 쉽게 간 길을, 왜 자신만 어렵게 갔는지 깨닫게 될 것이다. 바울이 빌립보 교회에 보낸 다음 내용을 보라.

> "이는 내게 사는 것이 그리스도니 죽는 것도 유익함이라 그러나 만일 육신으로 사는 이것이 내 일의 열매일진대 무엇을 택해야 할는지 나는 알지 못하노라 내가 그 둘 사이에 끼었으니 차라리 세상을 떠나서 그리스도와 함께 있는 것이 훨씬 더 좋은 일이라 그렇게 하고 싶으나 내가 육신으로 있는 것이 너희를 위하여 더 유익하리라 내가 살 것과 너희 믿음의 진보와 기쁨을 위하여 너희 무리와 함께 거할 이것을 확실히 아노니"(빌 1:21-25).

바울은 "나는 세상을 떠나고 싶지만 하나님은 나를 이곳에 남겨두셨고, 또 그분이 원하실 때까지 남겨두시리라는 것을 확실히 안다. 바로 당신을 위해서 말이다"라고 말하는 것이다. 놀랍지 않은가!

"하나님은 나만을 위해서가 아니라 또한 너를 위하여 죽음의 그림자가 덮인 계곡에서 나를 건지셨다."

요셉의 형제들이 애굽에 왔을 때, 그의 고백도 이와 같았다. 요셉은 이렇게 말하면서 그들을 안심시켜 주었다.

> "당신들이 나를 이곳에 팔았다고 해서 근심하지 마소서 한탄하지 마소서 하나님이 생명을 구원하시려고 나를 당신들보다 먼저 보내셨나이다 … 하나님이 큰 구원으로 당신들의 생명을 보존하고 당신들의 후손을 세상에 두시려고 나를 당신들보다 먼저 보내셨나니"(창 45:4,7).

요셉은 지난 세월 감내해야 했던 그 모든 고난이 하나님의 계획이었음을 알았다. 그것은 특별한 목적을 위한 것이었다. 바로 하나님이 택하신 백성들을 위한 것이었다! 이는 "너희 몸을 하나님이 기뻐하시는 거룩한 산 제물로 드리라 이는 너희가 드릴 영적 예배니라"(롬 12:1)라고 권고한 성경 말씀과 상당 부분 상통한다. 그러니 우리는 나의 고난이 다른 사람들을 위하여 필요하다는 것을 깨닫고, 그 고난에서 벗어나려고 하기보다는 기꺼이 자신을 하나님께 드려야 한다.

다른 사람을 위해 내가 고난을 받아야 한다는 것이 얼마나 낯선 논리인가! 당신의 신앙생활의 초점이 당신 자신에게만 맞춰져 있다면 이는 말도 안 되는 소리일 것이다. 하지만 교회가 세워진 목적을 분명히 깨달으라. 그러면 당신이 누군가에게는 요셉이며 누군가에게는 바울임을 알게 될 것이다. 당신은 도움과 소망이 필요한 사람들에게 하나님의 정확한 '처방전'이 될 것이다.

그분이 당신을 부르신다!

바로가 요셉을 궁정으로 불렀듯이, 선장이 바울을 선상으로 불렀듯이, 어느 날 왕 중의 왕 그리스도께서 당신을 부르실 것이다. 슈퍼스타도 아니고 주목받는 설교자도 아닌 당신을 말이다! 그리고 당신 손에는 하나님의 공급을 여는 열쇠가 쥐어질 것이다.

그 이유는 당신이 성도의 삶에 나타나는 고난의 목적을 깨달았고, 하나님이 당신에게 행하시는 일들을 거부하지 않았기 때문이다.

하나님의 거룩한 목적을 신뢰하고, 고난 가운데 자신을 기꺼이 내어드리라. 그러면 영원한 생명으로 인도하는 길을 열 수 있는 긍휼한 마음이 당신 안에 부어질 것이다. 또한 모든 과정 가운데 하나님의 능력을 경험하게 될 것이다. 이 모든 것은 '불'을 통과하지 않고는 경험할 수 없다.

그러니 이제 다시 한 번 굳게 결단하라. 하나님의 일에 헌신하기로, 사랑할 수 없는 사람을 사랑하기로, 어려운 사람들에게 투자하기로! 그러면 당신을 통해 하나님의 공급하심이 흘러갈 것이다. 초자연적인 권위와 능력을 받게 될 것이다. 사람들에게 다가가면 갈수록 갈보리에서 얻은 모든 것이 당신의 손을 통해 흐르게 될 것이다. 당신은 바울과 같은 위로자가 되어, 그들을 어둠 가운데서 건져내고 그들을 억누르는 모든 것을 파쇄하고 사탄의 강력한 요새를 무너뜨릴 것이다.

하나님이 당신 삶에 허락하신 모든 고난은, 당신 안에 예수만 남겨질 때까지 계속 될 것이다. 그러니 고난을 끝까지 견뎌내라. 그날에는 그리스도의 뜻이 당신의 뜻이 되고, 그리스도의 목소리가 당신의 목소리가 될 것이다. 모든 것이 당신의 것이 아니라 예수님의 것이 될 것이다. 그분만이 당신의 소망과 힘이 될 것이다. 바로 그곳에서 당신은 무슨 일이 닥치더라도 흔들리지 않고 굳건히 서 있게 될 것이다. 당신은 그저 하나님이 당신의 주인이 되시도록, 당신 마음이 사람들에게 향하도록 허락하기만 하면 된다. 영적으로 파산한 이 시대에, 당신은 하나님의 '경기 부양책'이 되어 가는 곳마다 세상을 움직이게 될 것이다.

은행이나 금융기관이 무너질 날도 곧 올지 모른다. 그때는 다른 현금인출기도, 다른 잔고도, 신뢰할 수 있는 다른 어떤 기관도 사라지게 될 것이다. 그러나 예수 그리스도에 대한 증거는 항상 있을 것이다. 영원한 생명을 얻을 수 있는 교회도 항상 있을 것이다. '성령'이라는 충만한 잔고를 담고 살아가는 하나님의 종들도 항상 있을 것이다. 오직 예수 그리스도만이 흔들리지 않고 그곳에 계실 것이다.

또한 하나님은 "모든 시험 가운데 자신의 백성을 지키신다"는 증거를 세상에 보이실 것이다. 나는 당신이 생명의 말씀을 전하는 사람이 되리라 확신한다. 그래서 당신이 "하나님이 나를 지켜 주신다"라고 말만 하는 사람이 아니라, 실제로 그 능력을 나타내는 사람이 되리라 믿는다. 나는 당신에게 하나님의 것, 즉 하나님의 신실하심을 믿는 제련된 신앙이 생겨나기를 원한다. 그것은 당신 안에 거하시는 하나님을 확신하는 정금같이 귀한 신앙이 될 것이다.

다가오는 날, 모든 것이 무너지고 실패하는 그날에, 당신은 지금까지 제시된 어떤 이론과 철학, 금융대책 아니, 그것들과 비교조차 할 수 없는 위대한 소망을 전하게 될 것이다. 사람들이 줄을 지어 당신을 찾아올 때, 당신은 '마지막 은행'이 바로 당신임을 깨닫게 될 것이다!

항상 열려 있으라. 그러면 하나님의 공급이 끊어지지 않을 것이다.

예수만 남겨질 때까지

초판인쇄 • 2015년 1월 30일
초판발행 • 2015년 2월 5일

지은이 • 카터 콜론
옮긴이 • 이대은
발행인 • 임용수
대표 • 조애신
책임편집 • 설지원
편집 • 이소정
디자인 • 지은주, 임은미
마케팅 • 전필영
온라인마케팅 • 고태석
경영지원 • 김정희, 조창성, 이지현

발행처 • 도서출판 토기장이
주소 • 서울시 마포구 망원로 26 토기장이 B/D
출판등록 • 1990년 10월 11일 제2-18호
대표전화 • (02) 3143-0400
팩스 • (02) 3143-0646
E-mail • tletter@hanmail.net
www.t-media.co.kr
www.facebook.com/togijangibooks

ISBN 978-89-7782-325-9

값 9,000원

"우리는 진흙이요 주는 토기장이시니
우리는 다 주의 손으로 지으신 것이라"
(이사야 64:8)

「이 도서의 국립중앙도서관 출판예정도서목록(CIP)은 서지정보유통지원시스템 홈페이지
(http://seoji.nl.go.kr)와 국가자료공동목록시스템(http://www.nl.go.kr/kolisnet)에서 이용하실 수
있습니다.(CIP제어번호: CIP2015001840)」